KB120138

십대 자녀 부모 코칭 1

공감

공감

지은이 · 김현옥
초판 발행 · 2014. 12. 18
6쇄 발행 · 2021. 1. 9
등록번호 · 제302-1999-000032호
등록된 곳 · 서울특별시 용산구 서빙고로 65길 38
발행처 · 비전과리더십
영업부 · 2078-3352 FAX 080-749-3705
출판부 · 2078-3331

책 값은 뒤표지에 있습니다.
ISBN 978-89-90984-69-2 03320

편집부에서 독자의 의견을 기다립니다.
tpress@duranno.com http://www.Duranno.com

비전과리더십은 두란노서원의 경제 · 경영 브랜드입니다.

나와 자녀가
가장 행복해지는 비결

김현옥 지음

십대 자녀 부모 코칭 1

추천사

"19세기에는 군사력이 강한 나라가 세상에 군림했고 20세기에는 경제력이 큰 나라가 세상을 좌지우지했으나 21세기는 자녀 교육을 잘 시키는 나라가 세상을 지배할 것이다."

전 서독 총리 빌리 브란트(Willy Brandt)의 말이다. 사춘기에 이른 내 아이, 나는 하느라 하는데 결과는 영 신통치 않다. 이 책은 사춘기 아이들이 왜 흔들리는지, 부모인 내 말이 왜 그들에게 먹히는 않는지, 그들과 소통하고 공감하는 방법은 무엇인지를 심리학을 바탕으로 설명하고 제시하고 있다. 저자는 아이들의 감성지수(EQ)를 높이는 것이 아이의 역량을 극대화하고 행복을 최대화하는 원리라고 말하고 있다. 여기에는 저자의 오랜 영적 성찰과 상담 경험 그리고 네 아이 어머니로서의 체험이 녹아 있다. 건강한 출세를 꿈꾸는 젊은이들과 그 부모들에게 자신을 이해하고 사랑하며 하나님과 동행하는 방법을 안내하는 이 책을 권한다.

송하성(경기대 서비스경영전문대학원장, 《송가네 공부법》 저자)

현대를 사는 사람들이 자신의 내면 상태를 이해하고 수용할 수 있도록 돕는 책이다. 또 자라나는 자녀들을 이해하고 공감할 수 있도록 구체적인 방향을 제시한 책이다. 저자의 풍부한 임상적인 경험들과 함께 기독교 신앙적 관점이 잘 어우러져 있다. 이 책은 마치 왜곡되지 않은 거울과 같아서, 모든 인간이 씨름하는 자존감의 문제와 대면할 때는 가슴이 쓰리지만 이 책을 다 읽고 덮을 즈음엔 마음이 따스해지는 경험을 하게 될 것이다.

이관직(총신대학교 신학대학원 목회상담학 교수)

김현옥 교수의 《공감》은 사춘기 자녀들을 둔 크리스천 부모들에게 꼭 필요한 책이다. 어려서부터 경쟁에 내몰려 행복지수가 바닥인 대한민국의 초등학생, 중고등학생들에게 가장 필요한 것은 공감이다. 누군가 나를 있는 그대로 받아 주는 사람이 필요한 것이다. 물론 부모는 자녀가 미래의 꿈을 향해 노력하도록 독려해야 한다. 그러나 자녀의 현재에 대한 공감이 있어야만 미래에 대한 독려도 가능하다. 때로 부모로서 자녀보다 더 불안하고, 자녀보다 더 앞이 보이지 않는다면, 이 책을 반드시 읽기 바란다. 자녀와 어떻게 대화해야 하는지, 어디까지 수용하고 어디부터 개입해야 하는지, 어떻게 공감해 주고 어떻게 방향 제시를 해주어야 하는지 매뉴얼이 되어 줄 책이다. 이 책을 읽고 난 후, 나와 자녀를 이해하게 될 것이고, 우리 가정의 미래가 보이기 시작할 것이다.

이상준(양재온누리교회 담당목사)

요즘 가장 고민이 많고 힘든 사람을 꼽으라면 사춘기 자녀를 둔 부모, 특히 엄마일 것이다. 대체로 자녀의 사춘기와 맞물려 엄마의 갱년기가 시작되기 때문이다. 사춘기와 갱년기는 무의식이 들고 일어나는 시기이기 때문에, 이때를 맞은 자녀와 엄마는 충돌할 수밖에 없다. 자녀가 왜 그러는지, 내가 왜 이러는지에 대한 이해가 없으면 답도 없는 전쟁을 치르게 되고 그 과정에서 씻을 수 없는 상처를 남기게 된다. 저자는 상담가이자 네 자녀의 사춘기를 지나온 엄마로서 이 시기에 자녀와 내가 왜 이러는지, 어떻게 하면 이 시기를 지혜롭고 아름답게 보낼 수 있는지, 고민 많은 엄마들의 마음을 토닥거리며 따스하게 말을 걸고 있다. 이 책을 읽다 보면 널뛰던 마음이 가라앉고, 자녀를 기다릴 수 있는 마음의 여유가 생긴다. 참 좋은 책이다. 이 책을 곁에 두고 차갑고 캄캄한 관계의 겨울을 따뜻하게 보내길 바란다.

조세핀 김(하버드대학교 교육대학원 교수,《교실 속 자존감》 저자)

하나님이 인간에게 주신 가장 큰 축복은 '만남'이다. 그 만남 가운데 부모와 자식의 만남이 모든 만남의 근간이 된다. 그러나 오늘날 그 만남이 아픔이 되고 상처로 남게 되는 경우를 흔히 본다. 무엇보다 부모와 자녀 간에 마음과 마음의 만남이 이루어질 때, 부모의 마음은 알이 부화하여 생명으로 탄생하듯 자녀가 단단한 껍질 속에 갇힌 자신을 깨치고 나오도록 도와주는 산실과 같은 곳이 된다. 이 부모의 마음이 갖추어야 할 가장 중요한 능력이 바로 공감이다. 본서는 부모가 자녀에 대한 공감을 어떻게 해야 할지 알려 주는 실제적인 지침서라고 할 수 있다.

한재희(백석대학교 상담대학원 교수, 전국대학교학생생활상담센터협의회 회장)

프롤로그

첫눈이 내렸다. 12월에야 찾아온 반가운 첫눈은 매서운 바람을 몰고 왔다. 창밖에 눈송이가 바람에 춤을 추듯 꽃잎처럼 흩날린다. 아름답지만 두렵다. 이 마음은 자녀를 바라보는 부모의 마음과 같다. 부모는 아이가 자라 인생이 아름답게 꽃피우길 바라지만 그러기까지 부모로서 매서운 바람을, 뜨거운 태양을 견뎌 내야 하는 까닭이다.

마치 초를 다투듯 변화하는 시대적 요인까지 떠안은 탓에 부모 역할하기가 정말 쉽지 않다. 차라리 열심히만 해서 된다면 좋으련만 그 열심이 오히려 문제가 될 수 있으니 어렵다.

추운 겨울, 따뜻한 온기가 필요한 때에 아이를 키우는 엄마로서 동시대를 사는 엄마들과 고민하고 동행하고자 이 책을 썼다. 미약

하나마 온기를 나누는 책이 되었으면 좋겠다.

좋은 부모가 되고 싶지 않은 사람이 어디 있을까? 양육과 관련된 책을 찾아보고 관련 세미나를 찾아다녀 보지만 말처럼 쉽지 않다. 강사인 나 역시 청중을 향해 이러저러한 조언을 하지만 말처럼 쉽지 않기는 마찬가지다.

안다고 행동하기가 어디 쉽던가? 아는 것만으로는 충분하지 않다. 나 자신을 이해하고 수용하고 보듬을 수 있어야 아는 만큼 행동하기 쉬워진다. 내 마음을 살피는 통찰력이 있는 사람이 다른 사람의 마음도 이해할 수 있다. 이 다른 사람 중에는 자녀도 포함된다. 불안이 많은 사람에게 아이를 통제하지 말라고 아무리 충고해도 멈추기 힘들다. 그는 가족이나 환경을 통제함으로써 어느 정도 두려움을 해소하기 때문이다. 어릴 때 갖고 싶었으나 갖지 못한 것이 있었다면, 자녀에게 그것을 과도하게 해줌으로써 불만족 상태로 있던 욕구를 성취할 수 있다. 이처럼 우리의 태도와 행동은 마음속 깊숙이 숨겨진 상처와 욕구, 감정과 연결되어 있다.

자녀와의 관계에서 변화하고 싶다면, 부모로서 자녀에게 어떻게 해야 하는가보다 내가 어떤 사람인가를 아는 것이 먼저다. 변화를 위한 출발점은 '나 자신을 알기'이다. 나의 감정, 나의 상처, 나의 과거를 이해해야 하는 것이다. 이렇게 부모가 자신을 이해하고 수용할 수 있을 때 자녀에게도 변화가 일어나기 시작한다.

그런 점에서 이 책을 읽는 독자들은 억지로 자신의 행동과 태도를 변화시키려 노력하지 않았으면 좋겠다. 무엇보다 자기 자신을 아는 데 집중했으면 좋겠다. 이제 나를 향한 비난을 멈추고 격려하고 공감하고 불쌍히 여겼으면 좋겠다. 우리는 모두 인생 여정을 걷는 나그네다. 예수님이 그러셨던 것처럼 우리 자신을, 또 서로를 품어 주었으면 좋겠다.

부족함이 많기에 망설이는 필자를 격려하고 글쓰기를 권유해 주신 두란노 출판부에 감사드린다. 나의 자녀로 태어나서 많은 것을 경험하게 해준 우리 아이들에게 감사한다. 마치 나의 자녀들처럼 많은 것을 경험하게 하고 배우게 해준 내담자들께 감사한다. 책이 나오기까지 이 경험들은 중요한 자산이 되었다. 오늘까지 이 모든 나의 길을 인도하신 하나님께 감사드린다.

2014년 12월 숲이 보이는 창가에서

김현옥

Part 1

공감의 첫 단추

자녀를 이해하기 전에 먼저 나를 이해하고 받아 주라

Part 2

공감의 다음 단추

자녀는 공감받은 만큼 성장한다

part 1

공감의 첫 단추

자녀를 이해하기 전에 먼저
나를 이해하고 받아 주라

내 아이에게 무슨 일이?

오해와 이해

"제 아들을 이해할 수 없어요. 정상이 아니에요."

가을이 깊어 가던 어느 날 중년의 부부가 상담실을 찾아왔다. 그들은 정말 기가 막히다는 표정으로 내게 하소연했다.

"우리 집은 늘 정리 정돈이 잘되어 있답니다. 두 아들이 있는데 어려서부터 둘째는 제가 하자는 대로 잘 따라왔어요. 그런데 첫째는 도무지 이해할 수 없어요. 방도 엉망이고 평소 지각도 잘하고… 그 때문에 난리난 적이 한두 번이 아니에요. 저와 첫째가 언성을 높이기 시작하면 나중에는 남편까지 끼어들어 집안이 시끄러워져요. 전 정말 이 아이의 행동을 이해할 수가 없어요. 뭘 시켜도 안심이 안 되고 불안해요."

"그것 때문에 첫째는 정상이 아닌가 싶은가요?"

"정상이라면 저를 이렇게까지 미치게 하겠어요? 한번은 버릇을 고쳐 보겠다고 며칠 동안 방을 치워 보지 않았어요. 그랬더니 정말 눈뜨고 볼 수 없는 지경이 됐죠. 도저히 참을 수 없어서 방 좀 치우라고 잔소리했더니 얘가 글쎄, 자기는 그 방이 너무 좋다는 거예요. 정말 아무렇지도 않은 표정이더라고요. 콧노래까지 흥얼거리면서요. 어떻게 그렇게 지저분한 방이 좋다는 거죠? 일부러 절 약 올리려고 그러는 거 맞죠?"

들어 보니 이 집의 가족 구성원 중 세 사람은 성향도 비슷하고 행동 패턴도 비슷한데 첫째만 아주 달랐다. 세 사람은 일 중심적이고 성실하고 규칙적인 데 반해, 첫째는 느긋하고 인간 중심적이고 느낌이 중요한 개성 강한 스타일이었다. 게다가 첫째는 이제 사춘기의 절정을 달리는 중3이었다!

부모는 자기들과 성향이 너무나 다른 첫째를 이해할 수 없어서 얼굴만 보면 잔소리하기 바빴고, 사춘기의 절정을 지나는 첫째는 그런 부모와 대립하면서 천덕꾸러기가 되고 있었다. 부모는 형편이 어려워 힘들게 아르바이트하면서 학창 시절을 보냈음에도 특별한 갈등 없이 사춘기를 지냈다. 더구나 지금까지 모범생의 범주에서 벗어나 본 적이 없다. 그들로서는 부모의 보살핌을 받아 넉넉하게 자라면서도 번번이 부모와 대립하는 아들을 이해할 수 없었다. 정상이 아닌 것처럼 보였다. 과연 그럴까?

"열 손가락 깨물어 안 아픈 손가락 없다"는 말이 있다. 한 명 한 명이 다 절절하고 순간순간이 다 애달프고 소중하다는 뜻일 것이다. 지금 10대의 자녀를 키우고 있다면 아마도 "아픈 손가락이 한두 개가 아니에요! 손가락 하나하나가 다 뭉그러지고 고름이 잡혀 있어요" 할지도 모른다.

자녀를 키우면서 "나는 아무 문제가 없다"고 말한다면 그것은 문제가 없는 것이 아니라 문제 자체를 회피하거나 부인하거나 혹은 잘 몰라서 제대로 지각하지 못하고 있는 것일지도 모른다. 아이들을 키우면서 당연히 행복하고 희망적이고 고무적일 때가 많지만 그와 비례해서 고민도 깊고 갈등도 크다. 좋은 부모가 되기 위한 몸부림이다.

나 역시 사춘기 자녀를 키운 부모로서 '아, 나는 정말 애들을 잘 키웠어'라고 자신 있게 말할 수 없다. 사람들은 내가 자녀 교육을 강의하고 그와 관련한 상담을 하는 사람이니 자녀를 훌륭하게 키웠을 것이라고 생각하고 기대한다. 하지만 이제 막 스무 살이 된 막내아들에게 "엄마가 사춘기 아이들을 위한 책을 만들 건데, 너의 사춘기 때 엄마는 어땠니?" 하고 물어보았을 때 아들의 입에선 기대하던 대답이 나오지 않았다. 내가 기대한 답은 "엄만 정말 좋은 엄마였어"이지만 아들의 대답은 "엄마가 노력한 건 알겠는데… 늘 한 발짝씩 늦었지. 나도 사춘기를 지나며 좀 힘들었고…"였다. 그나마 "하지만 그런대로 잘 큰 것 같아" 해 줘서 다행이었다.

그렇다. 자녀를 키운다는 것은, 특히 그 자녀가 사춘기를 보내고 있다면, 정말 어렵고 힘들다. 부모는 나름대로 배려한다고 하지만, 자녀는 배려로 생각하기 힘들 수도 있다.

부모와 자녀의 관계라는 관점에서 보면 자녀의 사춘기는 겨울이라 할 수 있다. 요즘 사춘기는 이르면 초등학교 고학년부터 시작되는 것 같다. 그러다 중학생을 지나며 절정을 이룬다.

겨울에는 아무리 씨앗을 심어도 싹이 나기 어렵다. 봄에는 씨앗을 심으면 여름을 지나 30배 60배의 소출을 기대할 수 있지만 겨울에는 본전도 찾기 힘들다. 심지어 쭉정이만 무성할 수 있다. 겨울이 되어서야 부랴부랴 씨앗을 심어 봤자 본전도 찾기 힘들다는 얘기다. 그렇기에 봄철에 미리미리 씨앗을 심어 두어야 한다. 자녀와의 관계를 철을 따라 농사짓듯이 한다면 겨울을 나기가 수월할 것이다.

사춘기는 위기다?

인간이 일생을 살면서 심리적인 질병이 가장 많이 걸리기 쉬운 시

기 중 하나가 사춘기다. 즉 사춘기는 많은 변화가 일어나고 심리적으로 가장 스트레스를 받는 시기임과 동시에, 외부적인 자극에 의해서 정신적으로 무너지기 쉬운 때다.

심리적으로 가장 어려운 병이 정신분열증이다. 주변에서 정신분열증을 앓는 사람을 찾아보기 힘들지만, 사실은 100명 중 2명이 이 정신분열증으로 어려움을 겪고 있다고 한다. 그런데 이 정신분열증이 주로 발생하는 시기가 바로 사춘기다. 이밖에도 우울증과 같은 심리적인 병이 사춘기 때 주로 걸리기 쉽다. 우리가 병에 잘 노출될 때가 언제인가? 몸이 약하고 면역력이 떨어질 때다. 다시 말해 사춘기는 육체적 심리적 변화가 극심하기 때문에 몹시 허약해질 수 있고 면역력도 떨어지기 쉬운 때다.

청소년들은 사춘기를 겪으면서 굉장한 몸의 변화를 경험한다. 호르몬의 변화, 급작스런 몸의 성장… 이것만으로도 사춘기는 위태로운 시기다. 그런데 우리는 그런 위태로움을 제대로 자각하지 못하고 있다. 특히 그 시기를 겪은 지 오래된 어른들은 '사춘기 안 겪고 자란 사람 있나? 누구나 사춘기를 겪는 것이지. 참나! 요즘 아이들은 유별나' 하고 대수롭지 않게 생각한다. 그런 까닭에 막상 자녀에게 사춘기가 찾아왔을 때 자녀에게 어떤 일이 일어나고 있는지 알지 못한 채 말 잘 듣고 순하던 시절과 똑같이 벌주고 상주는 방식으로 대하게 된다. 그러다 '얘가 왜 이러지?' 하는 순간을 맞게 되고,

그러면 이미 늦은 것이다.

흔히 '미친 중2'라고 말한다. 중학교 2학년쯤 되었을 때 폭발하는 강도가 가장 세기 때문일 것이다. 그 강도는 부모가 통제적일수록 더 심할 것이다. 얌전하던 아이가 갑자기 저항을 하고 화를 내면 부모는 당황해서 더 세게 억압하려 든다. 사춘기의 변화를 겪고 있는 아이를 더 자극하는 것이다. 그들은 "지금까지는 내 아이가 말을 잘 들었다. 그런데 갑자기 왜 그러는지 모르겠다"고 말한다. 지금까지는 엄마가 하는 말에 순종적이던 아이가 갑자기 이상해졌다는 것이다. 그런데 갑자기가 아니다. 오랫동안 엄마의 통제에 의해 억압당한 아이가 더 이상 견딜 수 없어서 저항하는 것일 뿐이다.

통제적인 엄마를 둔 아이뿐 아니라 누구에게나 사춘기는 어렵다. 이 어려운 때에 자녀는 이해할 수 없는 행동을 한다. 자녀의 행동을 부모가 어떤 마음으로 바라보느냐에 따라 이 시기를 이길 수도 있고 함께 함정에 빠져서 매우 힘들 수도 있다.

위기를 기회로

사춘기는 분명히 위기다. 그러나 한편으론 기회다.

정신분석의 창시자 프로이트(Sigmund Freud)는 사람이 5세가 되면 이미 성격의 토대가 형성된다고 주장했다. 그리고 그 토대는 평생을 살면서 변하지 않고 단지 반복해서 나타날 뿐이라고 했다. 그런데 이 확정된 성격의 토대는 인생을 살면서 몇 차례 흔들리게 된다. 그중 하나가 사춘기다. 인간은 사춘기를 보내며 마음의 구조가 뿌리부터 흔들리는 것을 경험한다. 흔들리는 것만 생각하면 사춘기는 위기일 수 있지만, 다시 재정립하고 다듬는 시간이 될 수 있다는 점에선 기회가 될 수 있다.

문제는 이와 같은 흔들림이 중년에도 온다는 것이다. 일반적으로 사춘기 자녀를 둔 부모는 중년을 맞는다. 부모 자신도 '사추기'(思秋期)라는 마음의 혼란을 겪는 시기인 것이다. 사춘기 자녀는 마음이 안정된 상태에서 바라봐도 힘들다. 그런데 부모 자신이 흔들리는 상황에서 뿌리부터 흔들리는 지진을 경험하는 사춘기 자녀를 대하자니 불꽃이 튈 수밖에 없다. 자녀가 사춘기에 접어들면 부모 역시 속에 있는 심리적인 문제들이 다 뒤집혀 올라온다.

예를 들면, 열등감이 있는 부모의 경우 사춘기 자녀가 그 열등감을 자극하면 그에 따르는 좋지 않은 반응이 부모에게서 폭포수처럼 흘러나온다. 분노가 뿌리 깊은 사람은 그 분노가 폭발한다. 쉽게 불안해하는 사람들은 사춘기 자녀가 흔들리는 모습을 보면서 그 불안감에 못 견뎌 한다. 부모가 그 감정을 어떻게 대처해야 할 줄 몰라 우왕좌왕하게 된다.

이처럼 자녀가 사춘기가 되면 부모 속에 있는 문제와 자녀의 문제가 격돌한다. 그러니 부모는 엄청난 고통을 느낄 수밖에 없다. 심한 경우 자녀나 배우자에게 "너 때문"이라고 말하며 격하게 반응한다. 피아(彼我)가 구분되지 않는 접전이 일어나는 것이다.

이때 부모는 혼란한 심리 상태에서 고통스러워한다. 그러다가 지나치게 감정적으로 빠져들다 보면 '내가 얘를 위해 이렇게 기도하고 애를 쓰는데 얘는 도대체 왜 이럴까? 내가 뭘 잘못했나? 내가 영적으로 바로 서지 못했나? 하나님이 나를 혼내려고 이러시나?' 하며 자신을 자책하고 심하면 신앙까지도 흔들린다.

특히 사회적으로 사람을 가르치거나 리더십의 자리에 있을수록, 그리고 교회 안에서 교역자, 장로, 권사, 교회학교 교사 등의 직분자일수록 이런 생각을 더 많이 하게 된다. '내가 누군가를 가르치려면 적어도 내 아이가 사고 치지 않고 안정적으로 자라야 하는 거 아닌가?' 하는 부담감이 크기 때문이다. 이 부담감이 자연스럽게 자녀에게 이런 요구를 하게 만든다. "내 얼굴을 봐서라도 사고 치고 다니면 안 돼."

그런데 이런 요구는 아이 입장에서 생각하면 어처구니가 없다. 이 요구는 냉정하게 말해서 '혹시 내 자녀가 문제가 많다는 것을 다른 사람이 알면 그들이 시험에 들지도 몰라. 나를 오해할지도 몰라'라는 생각에서 나온 것이고, '설령 네가 문제를 일으키고 있더라도 누가 보면 큰일 나! 하나님과 우리만의 비밀이야', '설령 네가 하나님을 믿지 못하고 의혹을 품더라도 그냥 믿음 생활 잘하는 것처럼 보였으면 좋겠어' 하는 요구와 크게 다르지 않다.

부모가 문제를 숨기려 하면 할수록 자녀의 문제는 더 깊이 곪아 간다. 처음엔 안으로 썩어 들어가니 숨길 수 있겠지만 나중에 드러나기 시작하면 당면한 문제보다 더 심각한 문제를 안고 터져 나올 수 있다. "목사님 아들이 왜 저래?", "장로님 아들이 왜 저래?", "자기 엄마가 상담학 교수라면서 왜 저래?" 같은 말들이 나오는 이유가 이 때문이다.

'내가 누군데' 하는 체면치레에 연연하면 자녀의 행동에 적절하게 대응하기 어렵다. 상황이 악화될수록 과잉반응을 하게 되고, 그냥 넘어갈 수 있는 일에도 지나치게 화를 내고 야단을 치게 된다. 그러면 자녀는 더 마음을 잡지 못하고 반항심을 키울 수 있다.

사춘기 아이들은 사고 칠 권리가 있다. 방황할 권리가 있다. 그 방황에는 영적인 방황도 포함된다. 사춘기 아이들은 방황도 하고 사고도 치고, 문제도 일으키는 것이 자연스러운 일이다. 내 자녀가 하나님을 제대로 믿지 못하는가? 믿음이 흔들리는가? 당연하다. 어른들이라도 단 한순간도 흔들리지 않고 마음의 중심을 다잡고 있는 것은 아니지 않은가? 하물며 어린 자녀가 흔들리고 깨어지고 부딪히는 것은 지극히 자연스러운 일이다. '왜 내 아들(내 딸)이 이러지?',

'하나님이 아직 우리 상황을 정확히 모르시나?', '하나님이 계시다면 왜 나는 이 모양 이 꼴이지?'라는 말을 하면 안 된다고 생각하는가? 괜찮다. 이런 과정을 거치지 않고 하나님에 대한 믿음이 생긴다면 그것이야말로 문제일 수 있다.

정신분석에서는 사춘기 자녀가 반항도 하지 않고 문제도 없이 평탄하게 넘어가는 것을 병리로 본다. 왜냐하면 사춘기 때는 공격성, 독립성이 분출되는 시기이기 때문이다. 즉 공격적이고 혼자 있고 싶어 하는 것이 사춘기의 당연한 반응이라는 것이다. 그래서 사춘기 자녀는 모든 것에 대해 비판적이다. 사춘기 아이들은 마치 반사회성 인격 장애를 앓는 것처럼 반항을 한다. 사춘기 아이들의 심리 검사를 해보면 전체적으로 반사회성 척도가 상당히 높다.

그렇다면 하나님은 왜 인간을 지으실 때 사춘기를 겪게 하셨을까? 이러한 시기 없이 자연스럽게 성장할 수도 있을 텐데, 왜 굳이 이런 폭풍과도 같은 시간을 허락하셔서 힘든 시간을 보내도록 하실까? 사춘기란 한 인간이 독립적인 존재로서 사회에 첫걸음을 옮기는 출발점이라 할 수 있다. 이런 과정은 하나님께서 만드신 자연의 질서일 뿐이다. 그러니 마음을 내려놓길 바란다. 내 자녀가 잘못할 수도 있고, 좀 빗나갈 수도 있다. 어느 때는 방황할 수도 있다. 이 사실을 받아들이고 인정하기 바란다. 자녀가 말썽을 부린다면 '그래, 그럴 수 있어' 하고 생각하기 바란다.

요즘 애들 왜 그래?

성장은 부모에게도 힘든 일이다. 그러니 아이들에게는 오죽하겠는가. 지피지기면 백전백승이라는 말처럼, 우리는 먼저 아이들이 왜 그러는지를 알아야 한다. 도대체 사춘기 아이들은 왜 그렇게 안하무인이 되는 것일까?

첫 번째 이유는 극심한 정체성의 혼란 때문이다. 스스로도 자신이 누군지 모른다. 사춘기 아이들의 심리 상태는 마치 수십 마리의 고래가 싸움을 하고 있는 것과 같다. 무엇이 옳고 그른지도 모른 채 답도 없는 문제들을 붙들고 끊임없이 싸우고 있는 것이다. 그래서 짜증도 심하고 우울하기도 하고 분노를 폭발시키기도 한다. 그럴 때 부모는 옆에 있다가 불똥을 맞는다. 부모가 원인을 제공할 수도 있지만 무엇보다 자녀 내면의 전쟁 자체가 가장 큰 원인이다. 이럴 때 부모는 고래 싸움에 끼어드는 새우나 마찬가지다. 아직도 부모가 고래라고 생각하는가? 그렇다면 빨리 착각에서 벗어나라.

어떤 엄마는 성격이 화끈해서 문제가 생기면 빨리 끝장을 내고 싶어 한다. 그런데 사춘기 자녀와의 갈등은 쉽게 결판이 날 문제가 아니다. 이것은 성장의 과정이고, 이 과정은 뛰어넘어야 하는 것이 아니라 거쳐야 하는 것이다. 그러므로 부모는 이 과정을 잘 견뎌야 한다. 섣불리 자녀의 마음속 고래들 싸움에 잘못 끼어들면 안 된다. 치열한 고래 싸움에 새우가 끼어들면 등이 터지게 마련이다.

두 번째 이유는 호르몬의 영향이다. 우리는 살아가면서 호르몬의 영향을 많이 받는다. 여성의 갱년기를 생각하면 이해하기 쉬울 것이다. 갱년기가 되면 호르몬의 영향으로 인해 기분이 널을 뛴다. 어느 날 갑자기 내가 사는 세상이 온통 어둡고 쓸데없어 보이고 왜 이렇게 살아야 하는가 하는 회의와 절망감이 밀려든다. 그러다 하루 이틀 지나면 언제 그랬냐는 듯 기분이 화창해진다. 기분이 오락가락하는 것이다.

중요한 것은 아내가, 또는 엄마가 이런 증상을 겪는다면 가족의 도움이 절대적으로 필요하다는 사실이다. 언젠가 일본에서 세미나를 했을 때 50대 여전도사님의 이야기를 듣게 되었다. 하루는 전도사님이 몸도 마음도 이상해서 병원에 갔다고 한다. 그런데 뜻밖에도 갱년기 증상이라는 진단을 받았다. 의사는 전도사님에게 코팅이 빳빳하게 된 인쇄물을 하나 주었는데, 거기에는 갱년기 여성에게서 나타나는 증상이 적혀 있었다. 기분이 수시로 널을 뛸 수 있고, 자다가 깨면 신경질을 심하게 부릴 수 있다는 등의 내용이었다. 의사는 "이걸 가져가서 가족은 물론 만나는 사람들에게 다 읽히십시오" 하더란다. 아내의, 또는 엄마의 갱년기 증상은 온 가족이 제대로 알고 함께 극복해야 하는 문제이기 때문이다.

사춘기 아이들 역시 호르몬의 급격한 변화를 겪는다. 특히 성호르몬이 마치 샤워기를 튼 것처럼 분출된다. 그 변화의 정도만 놓고 본다면 갱년기 여성의 혼란과는 비교도 할 수 없을 정도다. 그런 자녀를 부모가 통제하려 한들 되겠는가?

세 번째 요인은 사춘기 아이들의 뇌가 다르다는 것이다.[1] 현대에 들어 뇌과학이 각광을 받고 있는데, 이 뇌과학을 바탕으로 사춘기를 이해하면 도움이 될 듯하다.

사람의 뇌는 기능과 위치에 따라 전두엽과 측두엽, 후두엽 등으로 나뉜다. 그중 상황을 판단하고 사고하는 등 고차원의 생각을 하는 뇌가 전두엽이다. 그런데 15~16세 즈음에 이 전두엽에서 대대적인 공사가 일어난다. 전두엽의 두께가 변화하면서 성장하는 것인데, 시기적으로 이때가 사춘기다. 이때 전두엽이 변화를 거듭하면서 사춘기 아이들은 제대로 사고하지 못하고 혼란에 빠지게 된다. 전두엽은 27세가 되어야 완전해진다고 한다. 일반적으로 자아의 정체성이 확립되는 시기를 20대 후반이라고 보는데 전두엽이 완성되는 때와 비슷하다는 점에서 흥미롭다.

또 한 가지 우리가 알아야 할 것이 '세로토닌'(Serotonin)이라는 호르몬의 문제다. 호르몬에 대해서는 앞서 설명하기도 했지만, 이 세로토닌은 조금 특별하다. 세로토닌은 사람의 우울한 감정, 짜증나는

---

1. 《십대들의 뇌에서는 무슨 일이 벌어지고 있나?》, 바바라 스트로치 지음, 강수정 옮김, 해나무

감정 등을 조절하는 역할을 한다. 이 세로토닌이 분비됨으로써 사람은 정신적인 평온을 유지한다.

그런데 사춘기가 되면 이 세로토닌이 40%나 감소한다. 그 결과 사춘기 아이들은 감정 조절이 어렵고 우울에 빠지기 쉽다. 이것은 의지가 아닌 인간의 자연스러운 반응 중 하나다.

호르몬은 호르몬대로 말썽, 뇌는 뇌대로 기복이 심해지는 사춘기. 그렇지 않아도 우울하고 짜증나는 기분을 스스로도 절제하기 어려운데 몸의 반응도 당황스럽기 그지없다. 바로 이것이 사춘기다.

짐 덩어리가 될 것인가, 동맹을 맺을 것인가

자녀가 사춘기가 되면 처음으로 잘하는 행동이 있다. 문 닫기다. 이때가 되면 자녀는 부모와 대화를 하다가도 갑자기 화를 내며 자기 방문을 쾅 닫고 들어간다. 그뿐만 아니라 수시로 문을 잠근다.

무심코 아이 방문을 열려고 문고리를 잡았는데 그 문이 잠겨 있던 적이 있는가? 그때의 기분은 말할 수 없이 씁쓸하다. '내가 너를 얼마나 사랑하며 키웠는데' 하는 마음에 억장이 무너지는 것 같다. 그러면 대부분의 부모는 문 열기를 시도한다. 처음에는 정중하게 "얘, 문 좀 열어 봐"라고 말하며 문을 두드린다. 그런데 이 문은 쉽게 열리지 않는다. 도리어 "들어오지 마!" 하는 강한 거부의 반응이 되돌아온다.

언젠가 내가 만난 한 엄마는 딸이 방문을 잠근 것에 충격을 받은 나머지 억지로 문을 열겠다고 드라이버를 들고 나섰다. 물론 그런 방법으로 방문은 열렸을지 모르겠다. 그러나 자녀의 마음의 문은 더욱 굳게 닫힐 수 있다.

문 닫기는 자녀가 사춘기가 되었다는 신호다. '나는 한 사람의 독립된 인간이 되고 싶다'는 메시지다. 그러나 부모는 이 신호를 쉽게 받아들이지 못한다. 오히려 '네가 지금 나를 무시해?'라는 생각이 가장 먼저 들게 된다.

부모의 이런 반응은 자녀의 행동을 자신과의 관계와 연결시켜서 생각하기 때문이다. 혹시 부모가 열등감이나 소외감이 심하다면 자녀의 행동은 이런 부모의 심리에 불을 지피는 격이 되고 더 심한 갈등을 일으키게 될 것이다. 사람들과의 관계 속에서 '무시당한다'는 생각을 많이 하는 부모는 자녀가 방문을 걸어 잠글 때 '너까지 나를 무시하는구나!' 하는 생각에 반응이 격해질 수밖에 없다.

이럴 경우 부모가 첫 번째로 버려야 할 생각은 '네가 내 앞에서 문을 잠가?'라는 생각이다.

심리학 용어로 '개인화한다'는 말이 있다. 어떤 일이나 사건, 말들을 나와 직접 연결시켜서 해석하는 것이다. 예를 들면 이런 것이다.

남편이 퇴근을 하고 집에 들어서자마자 "집안 꼴이 이게 뭐야? 신발장이 왜 이리 지저분해? 정리 좀 하지. 하루 종일 뭐 하고 있는 거야?"라며 화를 낸다. 그런데 사실 집안 환경은 평소와 다를 것이 없다. 신발은 늘 있던 그 자리에 있고, 다른 물건들도 마찬가지다. 그러면 아내는 이렇게 생각한다. '저 사람 도대체 날 뭘로 알기에 저리 생트집을 잡는 거지? 집에만 있다고 나를 무시하나?' 그런데 다르게 생각해 볼 수도 있다. '저 사람이 기분이 좋지 않구나. 회사에서 무슨 안 좋은 일이 있었나 보다.'

전자의 반응은 개인화에서 오는 반응이다. 아내는 남편이 내가 못났기 때문에, 혹은 나를 괴롭히기 위해 화를 낸다고 생각하고 있다. 이렇게 상대의 말에는 없는 의미를 내 입장과 연결시켜 자기 나름의 생각으로 해석하는 반응을 개인화라고 한다. 그러나 대부분의 사람은 자신의 컨디션에 따라 화를 낸다. 즉 상대가 화를 내는 이유는 '나 때문'이 아니다. 그렇게 생각하면 내 반응도 달라진다. 이것이 개인화시키지 않는 반응이다.

상황은 같지만 내가 어떻게 반응하느냐에 따라 결과는 하늘과 땅 차이가 된다. 만약 아내가 열등감으로 "별 걸 갖고 트집이네. 집에만 있다고 내가 만만해? 왜 나한테 화풀이야?"라고 반응했다면 남편은 그렇지 않아도 상한 감정이 한층 더 상할 수 있다. "울려는 아이 뺨 치기"라는 우리 속담처럼, 그렇지 않아도 열불이 나는 남편에게 휘

발유를 들이붓는 격이 되는 것이다. 이는 지혜롭지 못한 반응이다.

그러나 이 경우 아내가 "왜 그래? 회사에서 무슨 일 있었어?"라고 다정하게 물어 준다면 남편은 아내의 말에 마음이 녹고 동역자로서 더욱 의지하게 될 것이다. 이로써 남편과 아내는 서로의 심리적인 짐, 환경의 짐 등을 해결하기 위한 동맹관계로 맺어진다. 물론 남편의 성격에 따라 회사에서 있었던 일을 이야기해 주지 않을 수는 있지만, 마음은 한층 가벼워질 것이 분명하다. 그러면 문제 해결이 좀 더 쉬워진다.

이러한 일은 사춘기 자녀에게도 똑같이 일어난다. 사춘기는 굉장히 혼란스러운 시기다. 고민도 많고 짜증이 머리끝까지 나 있을 때가 많다. 그러나 아이는 스스로 어떻게 해야 할지 방법을 모른다. 자녀 스스로도 자신의 감정과 혼란스러운 상황을 정의하지 못하기 때문이다. 화가 났어도 이 화가 엄마 때문인지, 나 때문인지, 친구 때문인지 도무지 알 수가 없다. 말 그대로 혼돈 상태라 할 수 있다.

그럴 때 "아버지 어머니, 제 마음이 이렇게 혼란스럽습니다. 저를 도와주세요" 하고 먼저 나서는 자녀는 많지 않다. 거의 불가능에 가깝다고 생각하는 것이 좋다. 그런 순간에 부모의 역할은 이 문제를 함께 풀어 가는 동반자로 서는 것이다. 즉 동맹관계가 되어야 한다. 그런데 많은 부모가 그 혼란의 불 속에 섶을 지고 뛰어든다.

부모가 자녀의 혼돈을 가중시키는 짐 덩어리 역할을 하느냐, 아니면 동맹을 맺어 짐을 해결하는 동반자가 되느냐는 부모의 선택에 달려 있다. 자녀가 "엄마 때문에 못 살겠다"고 말해도 그 말을 곧이곧대로 들어선 안 된다. 사춘기 자녀는 가만히 두어도 폭발한다. 그들은 아무 말도 하지 않았는데 화를 낸다. 그러니 부모는 사춘기 자녀의 반항으로 상처받을 필요가 없다. 스스로를 위로하라.

'그래. 넌 지금 그럴 때야. 네가 지금 이렇게 화가 난 건 성장하기 위해서야. 성장하려면 별짓을 다할 수 있어.'

심리적 거리 유지하기

자녀에게 짐 덩어리가 되지 않고 동맹관계가 되려면 어떻게 해야 할까?

부모는 자녀와 심리적으로 거리를 유지해야 한다. 아이와 코를 맞대고 있으면 문제에서 빠져나올 방법도, 가장 현명하게 대처할 지혜도 못 찾는다. 그렇다면 심리적인 거리란 과연 무엇일까?

상담을 오는 많은 부모들에게 나는 "친엄마가 아니라 이웃집 아줌마의 시선으로 자녀를 보라"고 말한다. 옆집 아이가 인터넷에 빠져서 하루에 여덟 시간씩 게임을 한다고 해서 그 아이에게 "너 왜 이렇게 게임만 하니? 혼날래?"라고 하지는 않는다.

그러나 내가 이렇게 말하면 어떤 엄마들은 이해할 수 없다는 시선으로 나를 본다. 자녀에게 더 관심을 갖지는 못할망정 이웃집 아줌마처럼 보라니, 정신 나간 말처럼 들릴 수도 있다. 그러나 이 말이 자녀를 향한 모든 관심을 끊으라는 말이 아니다. 균형을 지켜야 한다는 뜻이다.

자녀와 부모 사이에 문제가 생기는 이유는 여러 가지가 있겠지만, 그중 하나가 지나친 관심이다. 소위 '강남 엄마들'이 사회적으로 주목받은 적이 있다. 자녀 사랑이 보통을 넘어선 몇몇 엄마들이 화제가 되면서다. 이들은 자녀의 먹는 것, 입는 것, 친구 관계, 학교에서의 활동, 선생님의 성격까지 일일이 간섭하기를 좋아했다. 그런 엄마를 둔 자녀는 숨통이 막히는 고통을 호소하게 된다.

물론 자녀에게 지나치게 관심이 없어 탈인 부모도 있다. 그럴 경우 관심을 갖는 것이 문제 해결의 키포인트가 될 것이다.

부모는 자녀가 독립성을 갖도록 하는 것과 도움을 주는 것 사이에서 적절한 균형을 가져야 한다. 엄마 눈에는 자녀의 행동이 이해되지 않는 게 많다. 그렇더라도 가끔 모른 척 넘어갈 필요가 있다. 자녀를 혼내는 것과 다독이고 위로해 주는 것 사이에서도 역시 균형을 이루어야 한다. 어떤 것도 적절하지 않으면 독이 된다.

자녀와 심리적 거리를 유지하기 위해서는 먼저 내가 어떤 부모인지를 아는 것이 중요하다. 그런데 사람이 참 재미있는 것이, 강의를 하면서 "자녀에게 관심을 가지세요"라고 말하면 지나치게 관심을 갖던 부모가 더 관심을 가지려고 한다. "자녀에게 거리를 유지하세요" 하면 지나치게 거리감이 있던 부모가 더 거리를 둔다. '그렇지. 내가 잘하고 있는 거였어' 하면서 자기 합리화를 하는 것이다. 냉정하게 판단해 보자. 나는 어떤 부모인가?

자녀와 심리적인 거리를 유지하기 위해 필요한 것이 끈질긴 기다림이다.

나는 네 명의 자녀를 키우고 있는데, 그중 막내아들이 기숙학원에서 입시를 준비한 적이 있다. 그런데 이 아이가 웬일인지 기숙사에 들어간 그날부터 하루에 성경을 한 장씩 읽는 것도 모자라 매일 하나님께 간절히 기도하기 시작했다. 정말 깜짝 놀랐다. 막내아들은 한 번도 그렇게 열심히 신앙생활을 한 적이 없는 아이였다.

그런데 그런 아이가 하나님께 매일 이렇게 기도했다고 한다. "하나님, 제가 최선을 다해서 열심히 공부할 테니 하나님도 제게 은혜를 주셔서 제가 시험을 볼 때 많이 틀리지 않게 해주세요."

막내아들은 입시 내내 정말 열심히 공부했고 신앙생활도 어느 때보다 성실히 했다. 감사하게도 하나님께서는 이 아이의 기도를 들어 주셨다. 성적이 많이 올라서 모의고사를 보면 거의 만점을 받을 정도였다. 덩달아 나도 하나님께 정말 감사했다. 사람들에게 "우리 아들이 이렇게 열심히 기도하고 노력하더니 원하는 대학에 갔습니다" 하고 말할 수 있겠다고 생각하니 뿌듯했다.

하지만 막내는 막상 수능 시험을 망쳐서 원하는 대학에 들어가지 못했다. 그때 느꼈을 좌절이 얼마나 컸을까 생각하면 엄마로서 정말 마음이 아프다.

이때부터 아들은 미친 듯이 놀기 시작했다. 기도도 하지 않고 성경책도 읽지 않았다. 예배를 드리면서도 목사님의 말씀이 논리에 맞지 않다고 반박했다. 다른 사람들은 말씀에 은혜를 받는데 막내는 "논리적으로 비약이 심해", "말도 안 돼" 하며 반발했다. 내게도 "엄마, 착각하지 마세요. 하나님이 기도를 들어 주는 건지, 엄마가 그렇게 생각하는 건지 구분을 해야 해" 하며 자기 생각을 설득하려 했다.

막내아들의 마음에는 노력한 만큼 결과가 좋지 않은 것에 대한 회의와 자신의 기도를 들어주지 않은 하나님에 대한 원망으로 가득했다. 한마디로 화가 난 것이다. 아들의 말을 들어 보면 그 입장을 이해할 수 있다. 충분히 그렇게 생각할 수 있겠다는 생각이 든다. 그래서 누군가 그 부분을 정확히 설명해 주었으면 좋겠는데, 지금은 그렇게 해줄 수 있는 멘토가 주변에 없다는 것, 그리고 섣불리 억지로 가르칠 수 없다는 것이 안타깝다. 지금은 다만 아들의 상처가 씻기기를, 하나님과 더 친해지기를 기도하며 기다리는 수밖에 없다.

신학자 제임스 파울러(James Fowler)는 신앙 발달 이론을 6단계로 정리했다. 그중 사춘기와 청년기 때 영적으로 둘 중 하나의 모습에 빠지기 쉬운데, 하나는 신앙의 도취 상태에 들어가 완전히 그 안에 빠지거나, 또 다른 하나는 신앙에 대해 회의와 비판에 싸여 하나님을 믿지 못하고 방황하는 것이다. 그래서 이때 나타나는 신앙에 대한 의심은 굉장히 개혁주의적이다. 그래서 목사님이 무슨 말을 하든 비판적이다. 이들은 교회 지도자의 위선적인 모습, 일치하지 않는 언행에 대해 분노한다.

중요한 것은 이러한 태도는 몇몇 문제적인 아이들에게서만 나타나는 것이 아니라는 사실이다. 이는 너무도 당연한 반응이다. 단지 안타까운 것은 교회가 아이들의 이 같은 궁금증을 해소해 주고 따뜻하게 품어 주지 못한다는 것이다.

자녀가 언제 마음에 꽉 들어찬 분노를 벗어버리고 좀 더 성숙한 모습으로 부모에게 다가올지 그 시기는 아무도 알 수 없다. 언제 자신의 삶을 계획하고 독립적으로 살아갈지는 부모라 할지라도 모르는 일이다.

분명한 것은 지금 당신의 자녀가 사춘기라면 당장은 신앙 교육을 하기 어려울 수 있음을 인지해야 한다는 사실이다. 지금은 그저 기다려야 한다. 자식을 키운다는 것은 곧 '기다리는 것'이라고 말할 수 있다. 자녀가 적절한 방황의 시기를 지나 하나님을 만나는 때까지, 세상을 향한 신랄한 비판과 분노를 버리고 이성적인 시선으로 바라

볼 수 있을 때까지 기다려야 한다. 이때 부모는 자녀를 비난하거나 억지를 부려서는 안 된다. 적절한 기준을 계속 제시하면서 묵묵히 그 자리에 있어 주어야 한다.

어떤 엄마가 최고의 엄마인가 하는 질문에 나는 '맷집이 강한 엄마가 최고'라고 말하고 싶다. 맞지만 쓰러지지 않고, 비난을 들어도 넘어지지 않으며, 아이가 돌아오지 않아도 끝까지 기다릴 수 있는 엄마. 버티기 잘하는 엄마가 사춘기 자녀에게는 꼭 필요하다.

부모의 사춘기 vs. 자녀의 사춘기

나의 사춘기는 어땠을까?

우리는 살면서 참 많은 이야기를 주고받는다. "재는 왜 저렇게 바보 같아?"라고 말하는가 하면 "재 참 멋있다" 하고 말하기도 한다. 이러한 말들은 우리 뇌에 수없이 많은 자극을 준다.

그런데 만약 이러한 말들을 내가 듣게 된다면 기분이 어떨까? "당신은 멍청해", "정말 바보 같아", "얼굴이 예뻐요", "정말 똑똑하군요" 이런 말들을 들었을 때 그 말에 쉽게 영향을 받는 편인가, 아니면 크게 개의치 않는 편인가?

이런 말을 들었을 때 내 마음을 정리할 수 있는 능력이 정체성이다. 정체성이 건강하고 튼튼한 사람은 이런 말에 많이 흔들리지 않는다. 잠깐 흔들리다가도 곧 마음을 정리한다. 그런데 정체성이 약한 사람은 같은 상황에서도 쉽게 무너진다. 상처받은 마음을 회복시키는 데까지 오랜 시간이 걸린다. 그래서 우리는 정체성의 추를 무겁게 하고 흔들림 없이 살아가기 위해 노력해야 한다.

그런데 사춘기 때는 너나할 것 없이 정체성이 흔들린다. 그 어느 때보다 심하다. 아이들은 스스로 제일 똑똑한 줄 알고 자신만만하다가도 곧 나처럼 못난 사람은 세상에 없다는 듯이 절망한다. 그러다 이만 하면 괜찮다고 스스로 위로하다가 다음 순간에 다시 땅으로 꺼져서 자기비하에 빠진다. 이 자기비하가 심해지면 우울증이 된다.

아직 정체성이 확립되지 않은 사춘기 아이들은 어떻게 해서든 자기 정체성을 확인하려고 애를 쓴다. 내가 존재한다는 것, 내가 버림받은 존재가 아니라는 사실을 확인하고 또 확인하려 하는 것이다. 이때 아이들은 가장 흔하게 친구를 통해 확인하고 싶어 한다. 문제는 정체성이 흔들리는 아이들은 자신과 비슷한 혼란을 겪고 있는 친구를 만나게 된다는 것이다. 그렇다 보니 소위 노는 아이들, 비행청소년들이 서로가 서로를 알아보고 모이게 된다.

이렇게 모인 사춘기 청소년들은 같이 있으면 세상에 두려울 것이 없다. 또 사정없이 흔들리는 순간에 뭐라도 잡고 싶은 심정으로 서로 의지처가 되었기 때문에 서로가 잡은 손을 쉽게 놓을 수가 없다.

어른들이 “왜 그런 친구를 만나니? 이제 그만 만나”라고 윽박질러도 소용없다. 사춘기 청소년들에게 친구란 흔들리는 정체성을 붙잡아 주는 존재이기 때문이다.

이럴 때 부모의 역할은 무엇일까? 부모는 자녀가 흔들릴 때 화내고 억압하기보다 격려해야 한다. 자녀의 기분이 널을 뛸 때, 하루는 구박받는 신데렐라가 됐다가 하루는 왕자를 만난 백설공주가 됐다가 하는 예측불허의 상황에서도 부모는 한결같이 흔들리지 않고 그 자리에서 버티고 있어야 한다. 자녀가 “엄마, 나 얼굴에 이게 났어” 하며 얼굴에 난 작은 뾰루지 하나로 난리를 칠 때 엄마가 도리어 “어머! 어떡하니! 어떡해! 그러다 너 상처 나겠다. 큰일 나겠다” 하면서 더 수선을 떨면 자녀는 땅이 꺼지는 근심에 싸이게 된다.

아기는 자신의 기분을 엄마의 표정을 보고 결정할 때가 많다. 엄마의 표정에 두려움과 불안이 깃들면 아기 역시 불안해한다. 엄마가 웃으면 아기도 웃고, 엄마가 울면 아기도 운다. 자녀는 부모 얼굴을 거울삼아 자신을 본다. 부모는 곧 자녀의 거울인 것이다. 자녀 기분이 땅속 10미터 아래로 내려갔는데, 엄마 기분이 한술 더 떠 100미터 아래로 내려가서는 곤란하다. 부모의 얼굴에 불안이 없을 때 자녀는 비로소 마음의 평안을 얻게 된다.

참자기와 거짓자기[2]

정체성의 요소 중에는 '참자기'(real self)가 있다. 참자기는 나라고 정의할 수 있는, 나만이 가지고 있는 개성이다. 우리는 각자 자기만의 개성을 갖고 있다. 하나님은 우리를 만드실 때 똑같이 만들지 않으셨다. 다 다르게 만드셨다. 즉 우리 모두가 각자 다른 개성을 가지도록 만드신 것이다.

우리가 남들과 다른 본연의 개성을 가장 많이 갖고 있을 때가 바로 막 세상에 태어났을 때다. 아기는 자기를 절제하거나 눈치 보거나 하지 않는다. 그럴 필요가 없다. 배고프면 울고 먹고 싶으면 먹어야 한다. 엄마가 아프다고 '아 엄마가 아프니 오늘은 내가 먹는 것을 참아야겠다'고 생각하는 아기는 없다. 그냥 있는 그대로의 자기를 드러낸다.

이때 부모에게 충분히 공급받은 아기는 성장하면서 참자기가 발달한다. 하지만 참자기만 가지고는 살 수 없다. 하고 싶은 대로만 살 수는 없지 않은가? 그럴 때 참자기를 도와주는 것이 '거짓자기'(false self)다.

거짓자기는 '적응하는 자기'다. 눈치 보고 적응하고 방어하는 자

---

2. 《울타리와 공간》, 마델레인 데이비스 외 지음, 이재훈 옮김, 한국심리치료연구소

기다. 거짓자기는 참자기가 발현될 때 세상과 잘 소통하도록 돕는 역할을 한다. 참자기만으로는 세상과 연결될 수 없기 때문에 거짓자기가 사람들과 협상하고 세상을 받아들일 수 있도록 도와주는 것이다.

사람이 살아가기 위해서는 참자기도 필요하고 거짓자기도 필요하다. 문제는 아기 때 충분히 공급받지 못해서 참자기가 발현되지 못한 경우다. 보통 엄마의 사랑이 부족한 경우, 혹은 사랑받기 어려운 환경에서 자라는 경우 아이는 빨리 거짓자기를 발달시킨다.

참자기 속에는 창의력과 개성과 힘이 있다. 그런데 참자기가 없고 거짓자기만 발달한 사람은 주위 사람들에게 자기를 잘 맞춰 준다. 그런데 거기에는 진심이 빠져 있다. 사람들에게 잘 보이기 위해 맞춰 줄 뿐 배려하고 진심으로 걱정해서 맞춰 주는 것이 아니다. 심한 경우 사람을 속이거나 사기를 치는 범죄를 저지를 수 있다. 이처럼 참자기가 발달하지 않으면 문제가 된다.

참자기는 보통 0~5세 때 발달한다. 아기가 무언가를 요구할 때 부모가 그것에 부응해서 아기의 욕구를 해소해 주면 참자기가 발달하게 된다. 그런데 만일 그 욕구를 억압하고 해소시키지 못하면 상처가 남게 된다. 이 상처는 내면에 숨겨져 있다가 사춘기에 분출하게 되는데, 이때가 유아기에 놓친 참자기를 발달시킬 기회다. 그런 까닭에 사춘기를 위기이자 동시에 기회라고 말하는 것이다.

사춘기 아이들을 보면 마치 갓난아기처럼 굴 때가 많다. 잘 알지도 못하면서 부모를 가르치려 들고 별 볼일 없는 것에 목을 맨다. 참자기가 출현하면서 전능하고 과대한 자기가 올라오는 것이다. 이때 어떤 부모는 "이게 잘 알지도 못하면서!", "너 이것도 못하고 저것도 못했잖아" 하며 아이의 기를 죽인다. 그러면 사춘기 때 어렵게 올라온 참자기가 다시 한 번 좌절하게 된다.

부모는 사춘기 자녀에게 참자기가 제대로 발달할 수 있는 기회를 주어야 한다. 설령 사춘기 자녀가 부모에게 이래라, 저래라, 콩 놔라, 팥 놔라 하며 가르치려 하고, 말도 안 되는 말로 우기고 잘난 체하더라도 부모는 그런 자녀를 무시하는 태도를 취해선 안 된다. "그래? 너는 그렇게 생각하니?", "역시 네가 말한 대로 했더니 잘되는구나" 하고 응대해 줄 때 아이의 참자기가 발현될 수 있다.

사실 부모가 자녀의 어처구니없는 태도를 격려하기는 쉽지 않다. 부모 자신이 건강하고 자존감이 있을 때 이런 격려를 할 수 있다.

심리치료 중에 놀이치료가 있다. 놀이치료를 잘하는 선생님은 아이와 게임을 하면서 아이가 눈치 채지 못하게 일부러 져 준다. 아이의 자존감을 높여 주기 위해서다. 하지만 게임에서 이기기는 쉬워도 져 주기는 쉽지 않다. 그것도 내가 져 줬다는 것을 상대가 눈치 채지 못하게 하기란 더 어렵다. 어떤 아빠는 자녀와 게임하면서 절대 져 주지 않는다. 끝까지 이기려고 든다.

언젠가 상담하러 온 대학생의 아버지는 명문대 교수로 바둑을 잘 두신다고 했다. 이 대학생은 어렸을 때부터 아버지와 바둑을 곧잘 두었는데 지금까지 한 번도 아버지를 이긴 적이 없다고 했다. 심지어 아들이 이기고 있는데 아버지가 한 수 물러 달라고 해서 기필코 아들을 이겼고, 아들이 한 수 물러 주지 않으면 바둑판을 엎어 버려서 승패를 가르지 못하게 했다. 그 학생은 참자기가 제대로 발달하지 못해서 어려움을 겪고 있었다.

사춘기 아이들은 게임에서 지는 걸 자존심 상해 한다. 설령 상대가 부모나 가족이어도 게임에서 지는 건 못 견뎌 한다. 승부욕이 너무 강해 게임에서 지면 폭력적으로 변하는 아이들도 있다. 어른의 시각에서 보면 사춘기 아이들의 승부욕이나 하는 짓이 한심하기 짝이 없다. 말싸움에서도 지고 싶지 않아 끝까지 우기고, 그러다 안 되면 집이 더럽다느니 음식이 맛이 없다느니 생트집을 잡아 마음이라도 상하게 하고 싶어 한다.

참자기를 좋게 말하면 창의력과 돌파할 수 있는 저력이라고 할 수 있고, 달리 말하면 일탈 충동이라고 할 수 있다. 잘 지내다가 갑자기 튀어나온 참자기는 자녀 스스로도 감당하기 어렵다. 그때 부모는 아이와 경쟁해서는 안 된다. 참자기가 출현하면 스스로 매우 위대해 보이고 자신만 옳아 보이고 잘나 보인다. 이때 부모가 자녀와 경쟁하면서 져 주지 않고 자녀의 말을 받아 주지 못하면 자녀의 참자기는 다시 숨게 된다.

서양 속담에 "사춘기를 사춘기 때 겪지 않으면 언제라도 다시 온다. 죽을 때까지 오지 않으면 관 속에서라도 온다"는 말이 있다. 인생에서 사춘기는 반드시 넘어야 할 산이라는 의미다. 자녀가 사춘기에 있다면 참자기를 활성화시켜 만족감을 주는 것이 부모가 할 일이다. 이렇게 만족감이 충족되면 참자기는 다시 쏙 들어간다. 부모는 그때까지 이해하며 기다려 주어야 한다. 이해하기 힘들지만 그럼에도 변함없이 아이를 수용하는 환경, 안아 주는 환경을 제공할 때 아이는 홀로 서는 존재로 성장한다. 작은 존재로서도 견딜 수 있고 실패도 견디고 성공도 잘 견디며 인생의 방황도 견뎌 낼 수 있는 성숙한 인간이 될 수 있다.

부모가 아이에게 안아 주는 환경을 제공하지 못하면 아이는 자신이 산산이 부서지는 느낌, 자살 충동, 자해, 방향 감각을 상실한 느낌, 외로움 등을 견딜 수 없어서 고통스러워한다.

내 사춘기와 자녀의 사춘기

자녀의 사춘기를 이해할 때 '나는 사춘기를 어떻게 보냈는가?'를 생각해 보는 것은 굉장히 중요하다. '나는 사춘기 때 스스로에 대해서 어떤 느낌을 가졌나?', '내 부모는 나에게 어떻게 했나?', '나는 그 부모에 대해 어떤 마음을 가지고 있었나?' 이렇게 계속 되짚어보는 것이 매우 중요하다.

만약 부모가 사춘기를 별 문제 없이 보냈거나, 혹은 공부도 잘하는 정말 착한 자녀로 지내 왔다면, 이런 부모는 자녀의 반항과 고집을 받아들이기 어려울 것이다. 그런데 나는 왜 그렇게 착한 사춘기를 보냈을까, 나는 왜 모범생이었을까, 나는 왜 반항 한 번 하지 않고 사춘기를 마쳤을까, 생각해 본 적 있는가?

사춘기에 가질 수 있는 자아는 하나가 아니다. 자아의 정체성을 규명할 때 특정한 한 가지 성격만 가지고 설명할 수 없다. 그중 '어린이 자아'라는 것이 있다. 앞서 설명한 참자기와 연결해 생각해 볼 수 있다.

어린이 하면 생각나는 것이 천방지축, 자기 멋대로인 성격이다. 참자기와 마찬가지로 이 어린이 자아가 어릴 때부터 거절당하거나 억압당하면 사춘기 때도 억압된 상태로 있게 된다. 그러면 역시 반대 개념인 어른 자아, 거짓자기가 어린이 자아를 대체한다. 우리가 흔히 애늙은이, 애어른이라는 말을 하는데, 바로 이러한 아이들이 이 경우에 속한다.

만약 옆집 엄마한테 "우리 애가 글쎄 내가 용돈 몇 천 원 주는 걸 안 쓰고 모아서 내 머플러를 사 줬지 뭐예요"란 말을 들었다고 하자.

그 순간 아들한테서 용돈을 다 썼다며 돈을 더 달라는 문자 메시지를 받았다고 하자. 어떤 기분이겠는가? '어떤 애는 저렇게 어른스러운데 우리 애는 어찌 저리 속없고 철딱서니가 없을까? 이걸 내가 계속 키워야 하나?' 하는 생각이 들지도 모른다.

옆집 아이라고 해서 아이스크림이 먹고 싶지 않았을까? 빵이 먹고 싶지 않았을까? 예쁜 학용품이나 장난감을 사고 싶지 않았을까? 그렇지 않을 것이다. 그런데 그런 걸 다 참고 그 아이는 왜 엄마에게 줄 머플러를 샀을까? 효성이 지극해서일까? 우리는 이미 사춘기의 자녀에게서 그러한 사고력이 생기는 것은 불가능에 가깝다는 사실을 알고 있다. 문제는 이렇게 어린이 자아가 억눌린 채 자란 부모는 어린이 자아를 가지고 행동하는 자녀를 이해할 수 없다는 것이다. 어린이 자아가 발달되어 있지 않은 부모는 어린이 자아를 가지고 떼쓰고 말썽 부리는 자녀를 이해할 수 없고 공감할 수도 없다.

한번은 초등학교 선생님이 너무 힘들다면서 상담을 요청했다. 이 선생님은 모범적이고 착하고 아이들에게 헌신하는 것이 몸에 밴 아주 좋으신 분이다. 그런데 이 선생님이 저학년 담임을 맡고 나서 너무 힘들어했다. 아이들이 말을 듣지 않는다는 것이다. 아무리 야단을 쳐도 통하지가 않았다. 고학년을 담임할 때는 전혀 느끼지 못하던 어려움이었다. 급기야는 교사가 적성에 맞지 않나 하는 고민에 빠져 그만둘 생각까지 했다.

상담을 해 보니 이분에게는 어린이 자아가 너무 약화되어 있었다. 어릴 때부터 어른스럽고 모범생이었다. 당연히 어린이 자아를 가지고 뛰노는 아이들을 이해할 수도 상대할 수도 없었던 것이다. 거친 어린이 자아와 상대하려면 그보다 강한 힘이 있어야 한다. 그런데 이 선생님은 너무 착한 방법으로만 아이들을 대했다. 아이들이 말을 듣지 않으면 설득하려 했고, 부드럽게 접근하려고 했다. 그런데 천방지축 아이들에게는 통하지 않는 방법이었을 뿐이다. 어린이와 놀기도 힘들고 통하기도 어려웠다.

마찬가지로 사춘기에 어린이 자아가 날뛰는 자녀를 착한 방법으로만 대하려는 부모가 있다. 부모에게 어린이 자아가 없는 것이다. 자라는 동안 이 어린이 자아가 억눌린 채 성인이 된 경우다.

'과연 사춘기 자녀와 친해질 수 있을까' 하는 문제는 먼저 부모가 어떤 어린 시절을 보냈는가를 고려해야 한다. 사춘기 때 천방지축으로 자란 부모가 의외로 사춘기 아이들과 잘 지내는 경우를 심심찮게 본다. 이런 부모는 웬만해선 겁먹지 않는다. 어차피 어릴 때 다 해본 일이기 때문에 이해가 잘되는 것이다.

이렇듯 내 안에 억압되어 발현되지 못한 부분이 자칫 내 자녀에게 좋지 못한 영향력을 미칠 수 있다. 그렇기 때문에 부모는 자신의 어린 시절을 떠올려봐야 한다. 사춘기 시절 내 심정은 어땠고 내가 바

랐던 것은 무엇이었나?

이런 경우도 있다. 한 엄마가 상담을 받으러 왔는데, 이 엄마는 자녀를 정말 이해할 수가 없다고 말했다. "우리 아이는 부족한 것이 없다. 내가 만일 어려서 지금의 나와 같은 엄마가 내 부모였다면 나는 정말 행복했을 것이다. 나는 최선을 다해 아낌없이 베풀어 줬는데 아이가 왜 엇나가는지 도저히 이해할 수 없다"는 것이었다.

알고 보니 이 엄마는 어릴 때 부모님으로부터 사랑을 받지 못했다고 생각하며 자랐다. 부모는 자신에게 아무런 도움을 주지 않았고, 가르쳐 주지도 않은 채 방치했다는 것이다. 그래서 자신은 절대로 내 자녀를 방치하지 않겠다고 다짐했다.

결국 이 엄마는 자녀에게 하나부터 열까지 다 해주는 엄마가 되었다. 옷 입는 것, 양말 신는 것, 신발 신는 것, 숙제 준비물까지 다 챙겨 줬다. 자녀는 어땠을까? 아이는 이런 엄마 때문에 숨통이 조여오는 갑갑함을 느꼈다. 집에 들어오는 것도 싫어서 밖으로 뛰쳐나가기 일쑤였고, 엄마는 그런 아이를 잡으러 다녔다.

부모로서 나는 어린 시절 무엇이 넘쳤고 무엇이 부족했는가? 그때 나는 세상을 어떤 눈으로 보았고 부모를 어떻게 느꼈는가? 내가 한 강력한 요구가 무엇이었고 무엇에 상처를 입었는가? 좋은 부모를 머리로만 알아선 곤란하다. 부모가 사춘기 때 너무 결핍된 것도 좋지 않지만 너무 과잉된 것도 좋은 영향을 끼칠 수 없다. 그래서 이런 질문을 수도 없이 하며 스스로를 알아 가야 한다.

지금 나는 부모로서 어디쯤 서 있는가?

감정에 솔직해져라

나는 내 감정이나 욕구에 대해 어떤 태도로 임하는가? 특히 부정적인 감정에 대해 어떤 태도를 가지고 있는가? 꼭 어떤 상황이 벌어지지 않았더라도 단순히 TV 속 장면을 보면서 무심코 던진 부모의 부정적인 생각이 자녀에게 영향을 미칠 수 있다.

예를 들어 식욕이 왕성한 사람을 보고 부모가 "세상에, 저걸 꼭 저렇게 먹어야 하나. 먹는 것 말고도 중요한 게 얼마나 많은데…" 하고 부정적으로 말했다고 하자. 이때 자녀는 식욕을 부정적으로 받아들일 수 있다. 그러면 뭔가가 먹고 싶은 마음이 들어도 자녀는 먹고 싶다는 말을 하기 전에 그 생각을 철수시킨다. 딱히 부모가 "너 그런 생각하지 말라!"고 말하지 않아도 식욕이라는 자연스러운 욕구를 자녀는 억제시키는 것이다.

이런 예는 우리가 생활하면서 자주 겪게 된다. 공부하는 자녀가 갑자기 슬픈 감정에 빠졌다. 그럴 때 부모는 자녀에게 "슬플 게 뭐가 있니? 괜히 그러면 공부하는 데 방해되니까 그런 생각하지 마"라고 얘기한다. 또 자녀가 갑자기 짜증이 나고 화가 날 수도 있다. 그러면 부모는 "언니 오빠도 잘했는데 왜 너만 유별나게 그러니? 짜증이 나도 좀 참으렴" 하며 책망한다.

사람들은 감정적인 것을 옳지 못한 것이라고 생각하는 경향이 있다. 자신의 감정이나 욕구에 정직한 것이 얼마나 중요한 일인지 모른다. 부모가 만일 이렇게 감정에 솔직하지 못한 채 억눌려 있으면 자녀의 감정을 그대로 받아들이는 데도 문제가 생긴다. 암암리에 감정에 솔직하지 못하게끔 강요할 수도 있다. 겉으로는 굉장히 멋진 부모처럼 보일 수 있지만 알고 보면 감정을 제한시키는 부모가 되는 것이다.

나의 부모는 무언가 갖고 싶거나 하고 싶을 때 정직하게 말했나? 혹은 숨기거나 감정에 솔직하지 못한 모습을 보이지는 않았나? 반대로 지나치게 탐욕적이어서 자기만을 위해 사는 부모였나? 그런 부모를 보며 나는 저렇게 살지 말아야지 하는 생각을 한 적은 없는가? 내 부모가 어땠는지, 그리고 내가 내 부모에 대해 어떻게 생각했는지에 따라 부모로서 자신의 모습이 만들어진다.

내가 아는 어느 가정의 아버지는 머리부터 발끝까지 흰색으로 단장하곤 했다. 흰색 양복, 흰색 구두로 완벽하게 차려입고 바깥출입을 하는 것이다. 이 아버지는 딸이 성장할 때까지 딸에게 단돈 만 원도 준 적이 없으면서 자기를 꾸미는 데는 아낌없이 돈을 썼다. 그래서 이 딸은 '나는 절대 저렇게 살지 않으리라'고 다짐했고, 아버지와 반대로 자기 자신을 위해서는 단돈 만 원도 쓰지 않았다.

이렇듯 내 부모가 감정을 어떻게 표현했는가에 따라 내가 결정이 된다. 어릴 때 만족하지 못한 욕구나 상처는 나중에 부모가 되었을 때 자녀와의 관계에 영향을 미친다.

어떤 부모는 자녀에게 지나칠 정도로 공부를 강조했다. 그런데 내가 보기에 아이는 공부할 마음이 없어 보였다. 누구나 경험해 보았겠지만 공부라는 것이 억지로 시킨다고 되는 것이 아니지 않은가? 나는 "어머니, 자녀가 공부할 마음이 없어요. 공부할 마음이 없으면 공부할 마음이 들 때까지 기다려 주는 것이 좋다고 생각합니다"라고 말해 줬다. 그런데 이 엄마는 내 말을 받아들이지 못했다. 절대로 그러면 안 된다는 것이다. 알고 보니 이 엄마는 어릴 때 내신 성적이 좋지 않아 가고 싶은 대학을 가지 못했다. 다른 성적은 좋았는데 내신 때문에 좋은 대학에 가지 못한 일종의 트라우마가 있었던 것이다. 자연히 엄마의 목표는 내신이 됐다. 그러나 내신을 올리는 주체는 자녀이지 엄마가 아니다. 엄마가 아무리 목소리를 높여 봤자 자녀가 마음먹지 않는 한 아무 소용이 없는 것이다.

사람의 마음이 참 이상한 것이, 옆에 있는 사람이 뭔가를 너무 강하게 주장하면 좋던 것도 싫어지고 하려던 것도 안 하고 싶어진다. 식당에서 내가 먹고 싶은 메뉴가 있었는데 옆에서 꼭 그걸 먹어야 한다고 강조하면 괜히 생각이 바뀐다. 사람 마음은 이렇게 가역적이고 역동적이다. 공부도 마찬가지다. 누군가 옆에서 "무슨 수를 써서라도 공부를 열심히 해야 해!"라고 강요하면 열심히 하려던 마음까지도 식어 버린다. 말하지 않아도 아침 일찍 일어나려고 했는데 엄마가 새벽부터 일어나 수선을 떨면서 일어나라 잔소리를 하면 일찍 일어나려고 했던 마음이 달아나 버린다.

이렇게 엄마가 의욕이 강하고 잔소리를 많이 하는 성향일수록 자녀는 의욕이 낮아질 수 있다. 자녀가 굳이 뭔가를 결정하고 의욕적으로 움직일 필요가 없는 것이다. 엄마가 지나치게 똑똑하면 자녀는 반대로 매사에 마음을 풀어 버린다. 세상에 홀로 설 필요와 이유를 잃어버리게 된다. 그런 까닭에 자녀 스스로 의욕과 의지를 가지려면 부모가 한 발짝 뒤로 물러나 있을 필요가 있다. '아, 내가 하지 않으면 안 되는 거구나!' 하는 마음이 자녀 스스로 들게끔 해야 한다.

나와 내 아이의 감정 다루기

감정과 욕구는 우리 안에서 계속해서 흘러나온다. 마치 물이 흐르는 것과 같다. 내가 한 시간 전에 가졌던 감정과 한 시간 후에 갖게 되는 감정은 같을 수 없다. 어떤 사람은 감정을 잘 다스려야 한다고 말한다. 조절해야 한다고도 말한다. 과연 이 말은 맞는 말일까?

감정은 참자기와 직결되어 있다. 따라서 흘러나오는 감정을 어떻게 다루느냐는 곧 나를 어떻게 다루느냐와 같은 개념이다. 내가 감정을 자꾸 억누른다면 이것은 나를 억누른다는 말이다. 나를 억누른다는 말은 나를 무시한다는 말이기도 하다. 그리고 나를 무시하면 내 안의 자존감이 무시되는 것이다.

또한 감정은 에너지와 같다. 우리가 삶을 살아가게 하는 정신적 에너지인 것이다. 우리는 이 정신적인 에너지를 잘 이용해야 한다. 그런데 만약 감정을 억누르다 보면 이 정신적 에너지가 늘 부족하다.

요즘 젊은 사람들 사이에서 '결정장애'라는 말을 많이 사용한다. 사소하게는 음식 메뉴나 구매해야 할 물건을 스스로 잘 결정하지 못하는 사람을 두고 하는 말이다. 좀 더 넓은 의미에서 본다면 자신의 진로, 배우자 등 인생의 중요한 결정도 어려워한다. 그런데 주로 이런 사람들 중에는 참자기가 안 보이는 사람이 많다. 심한 경우에는 참자기뿐 아니라 감정도 모른다. 자신이 뭘 원하는지를 모르는 것이다. 식당에 가면 우리가 제일 많이 하는 주문이 있다. "아무거나!" 내가 무엇을 먹어야 좋을지 결정하지 못하는 것이다. "나는 이걸 먹으면 기분이 좋아!"라고 결정할 수 있어야 한다.

주부들이 장을 보러 가면 보통 자녀가 좋아하는 것, 남편이 좋아하는 것은 잘 고른다. 그런데 막상 자신을 위해 뭔가를 고르려고 하면 고르지 못하고 돌아오는 경우가 많다. 감정이 죽어 버린 까닭이다. 죽어 가는 감정을 넋 놓고 바라보고만 있어서는 안 된다. 해결책이 필요하다.

자신의 감정을 느껴 보고 이해해 보는 것, 그리고 표현해 보는 연습이 필요하다. 조그마한 감정이라도 올라오면 귀를 기울여 보라.

《내 아이를 위한 감정코칭》의 저자이자 심리학 교수인 존 가트맨(John Gottman)은 자녀의 감정을 다루는 부모의 유형을 네 가지로 나눴다. 첫 번째가 축소형이다. 부모가 감정을 존중받지 못해서 감정을 다룰 수 있는 능력이 없는 유형이다. 이런 부모는 아이가 공포, 슬픔, 짜증 등의 감정을 느낄 때 "괜찮아! 무서운 거 아니야", "괜찮아! 힘든 것 아니야", "괜찮아! 짜증나는 거 아니야"라고 말한다. 아이는 무섭고 힘든데 그걸 계속 괜찮다고 하면서 부정하는 것이다. 그리고 아이가 울면 과자를 준다든지 하면서 억지로 재미있는 것이라고 주입시킨다. 아이가 느끼는 감정을 없는 것 취급하는 것이다.

물론 우는 아이를 달래 주어야 하는 것은 맞다. 그런데 방법이 잘못됐다. 예를 들어 아이가 무서움을 느꼈다면 "무서웠어? 뭐가 무서웠어?"라고 말하며 무서운 감정을 이기도록 가르쳐야 한다. 무서움 자체에 접근하지 못하게 하는 것은 옳은 방법이 아니다.

초보 상담자 중에도 이런 부분에 서툰 사람들이 있다. 상담자는 내담자가 대화를 통해 자신의 감정에 다가가 그 감정을 꺼내 놓도록 이끌어야 한다. 그런데 내담자가 자신의 감정에 접근하려고 하면 상담자가 대화의 화제를 바꿔 버린다. 내담자의 감정에 부딪히기 두렵기 때문이다. 부모가 이런 성향이면 아이는 자신의 감정을 어떻게 다루어야 할지 배우지 못하게 된다.

두 번째는 억압형이다. 억압형도 마찬가지로 감정을 다룰 수 있는 능력이 없다. 다만 축소형과 차이가 있다면 아이를 혼낸다는 것이다. 아이가 넘어져서 울고 있는데 "울지 마! 왜 울어! 울면 안 돼! 울면 나쁜 애야!" 하고 혼낸다. 아이가 우울해하면 "하나님이 항상 기뻐하라고 했잖아! 우울하면 안 돼!" 한다.

재밌게도 많은 그리스도인의 마음에 이런 생각이 뿌리 깊게 자리잡고 있다. 그래서 이 억압형의 사람들은 계속 그것을 가지고 사람을 평가한다. 선과 악과 옳고 그름을 평가해서 혼을 낸다. 이렇게 자란 아이들은 까다롭고 화를 잘 내는 성향이 되기 쉽다. 그리고 자신도 다른 사람을 혼낸다.

세 번째는 방임형이다. 뭘 해도 다 받아 주는 부모가 여기에 속한다. 이러한 유형의 부모는 아이가 마구 울면서 떼쓰는데 달래지도 않고 그냥 둔다. 자연히 아이는 자기 감정을 어떻게 다뤄야 할지 모르게 된다. 배우지 않았기 때문에 딱히 어떤 지침이 없는 것이다. 이런 부모의 손에서 자란 아이들은 앞에서 설명한 축소형의 부모가 되기 쉽다.

마지막으로 네 번째가 감정 코치형이다. 이들은 자녀의 감정을 다 받아 준다.

어떤 감정이든지 그 감정이 올라올 때는 이유가 있다. 사람이 왜 화를 내는 걸까? 분노가 왜 있는 걸까? 불안이 왜 있는 걸까? 생각해 본 적이 있는가? 불안과 분노는 다름 아닌 하나님이 만드신 감정이다. 그렇다면 하나님은 왜 사람이 이런 감정을 느끼도록 하셨을까? 다 필요해서가 아닐까?

예를 들어 불안을 자주 느끼는 사람은 어느 모임에도 지각하지 않는다. 이들은 불안이라는 감정을 대비하는 것으로 해결한다. 불안을 느끼니 공부도 하고 노력도 하는 것이다. 불안한 감정을 통해 우리 삶의 질이 향상될 수 있다.

그렇다면 분노는 왜 느낄까? 우리가 분노를 느끼는 이유는 주로 불의를 겪었을 때, 또는 내가 지키고자 하는 것을 누군가 침범했을 때다. 침범당하면 화가 난다. 그게 신호다. 분노는 내가 부당한 대우를 받거나 침범받았을 때 그것을 지키라는 알람인 것이다. 그러니 분노를 느꼈다면 이를 통해 내가 침범당한 부분을 보호할 수 있다. 그리고 옳고 그름을 구분할 수도 있다.

우리가 어떠한 감정을 느꼈다면 분명 이유가 있다. 그러면 그 감정을 억누를 것이 아니라 무엇 때문에 느꼈는지를 생각해 보아야 한다. 이때 이 감정을 긍정적으로 해소할 수 있도록 돕는 것이 바로 감정 코칭이다.

까다롭다면 공감하라

그런데 이 감정의 센서가 굉장히 예민한 사람들이 있다. 자녀가 감정에 예민하면 부모는 조금 피곤해질 수 있다. 이들은 기계로 비유하면 고감도 제품이다. 질 자체가 다른 것이다. 이런 사람이 가지고 있는 예민성은 굉장히 천재적인 성향으로 나타나는 경우가 많다. 문제는 키우기가 힘들다. 이런 아이들은 조금 더우면 덥다고 울고 추우면 춥다고 운다. 뭐만 하면 잠을 깨기도 하고, 매일 같은 우유를 주는데도 어느 날은 잘 먹고 어느 날은 토한다.

이런 아이를 키우는 엄마의 마음엔 만 가지 감정이 교차한다. 아무리 자존감이 높고 감정에 솔직한 엄마라도 어려울 수밖에 없다. 어떤 엄마는 아이를 키우는 일이 "솔직히 얘가 태어나지 않았으면 좋았겠다는 생각이 들 만큼 고통스러웠다"고 고백한다. 생각해 보라. 내 아이를 '태어나지 않았으면' 하고 생각했다니, 이에 따른 죄책감이 동반하지 않았겠는가. 그럼에도 여전히 아이는 까다로운 태도를 바꾸지 않고, 그럴수록 엄마는 이 고통의 굴레에서 벗어나지 못해 더 깊게 굴을 파고 들어갈 수밖에 없다.

이때 필요한 것이 '공감'이다. 예민한 자녀가 까다롭게 반응한다면 이를 가라앉힐 수 있는 방법은 공감뿐이다. 그리 강하지 않은 바람에도 "엄마 추워! 바람이 너무 세!"라고 말하면 "너는 뭘 그리 유난스럽게 구니?"라고 혼내는 것이 아니라 "그러니? 바람이 강해서 추운가 보구나" 하고 공감해 주는 것이다. 자녀가 화가 났을 때 무엇 때문에 화가 났는지 살피고 공감해 주는 것이 그 화를 가라앉힐 수 있는 방법이다.

마셜 로젠버그(Marshall B. Rosenburg)의 〈비폭력 대화〉라는 프로그램이 있다. 이 대화에는 몇 가지 원칙이 있다. 첫째는 서로의 눈을 바라보는 것이고, 둘째는 상대가 무슨 말을 하든 "그래 맞아"라고 말하는 것이다. 예를 들어, 한 사람이 상대의 실수로 인해 얼마나 상처를 받았는지, 얼마나 기분이 나빴는지를 말하면 상대는 "네 말이 맞아"라고 응대하는 것이다. 그런데 신기하게도 이런 과정을 통해 대화가 통하기 시작하고 서로의 입장을 이해하게 된다.

어떤 사람과 대화로 서로 통하게 되려면 먼저 수용의 자세를 가져야 한다. 요한복음 4장에는 우물가에 나온 사마리아 여인과 예수님의 대화가 나온다. 예수님이 여인에게 "네 남편은 어디에 있니?"라고 물으셨을 때 여인은 한껏 날을 세워서 "저 남편 없어요"라고 대꾸

한다. 사실 남편이 없다는 여자의 말은 거짓말이었다. 지금까지 남편이 다섯 번이나 바뀌었던 것이다. 그런데 예수님은 "네가 지금 누굴 속이려고 그래? 내가 누군 줄 알고!" 하지 않으셨다. 예수님은 먼저 "네 말이 옳다"고 말씀하셨다. "그렇지. 네가 과거에 남편 다섯이 있었고 지금 있는 자 역시 네 남편이 아니니 네 말이 참되다"고 하신 것이다. 그러자 여인은 예수님을 향해 겨누던 날을 거두게 되었다.

공감은 상대를 향한 방어와 저항을 내려놓게 만든다. 만일 자녀가 잔뜩 짜증이 나서 심술을 부리고 물건을 집어던진다면 "아니, 이놈이 왜 이래? 던지지 말랬지?" 하고 같이 화를 내지 말고 "네가 화가 났구나" 하고 공감해 주자. 화를 내던 사람은 자신을 공감해 주는 이 말 한마디에 맥이 풀린다.

물론 자녀의 행동이 옳다는 얘기가 아니다. 그저 감정을 받아 주라는 뜻이다. 그런 다음 아이에게 "왜 짜증이 났을까?" 하고 물어보면 아이는 제대로 대답하지 못한다. 자신도 자신의 감정을 모르기 때문이다. 이때 부모는 "짜증이 나거나 화가 나면 엄마에게 왜 짜증이 났는지 말하렴" 하고 감정을 말로 해결하는 방법을 알려 줘야 한다.

중요한 것은 화를 못 내게 만드는 것이 아니라 화를 잘 내게 하는 것이다. 이런 과정을 통해 아이는 감정을 인정하고 어떻게 표현하는지를 배우게 된다. 그러면 다음에는 물건을 집어던진다든가 잘못된 방법으로 감정을 해소하지 않게 된다. 이렇게 '성숙'으로 나아가는 것이다.

인간은 감정을 언어화하면서 성숙해진다. 화나거나 짜증났을 때, 또는 원하는 것이 있을 때 이를 말로 표현할 수 있는 사람이 성숙한 사람이다. 미성숙한 사람은 이 과정에 미숙하다. 만약 배우자에게 섭섭하거나 상처받은 일이 있다면 말을 통해 해결해야 한다. 말을 못하고 꽁하고 있다가는 그냥 지나갈 일도 갈등하게 되고 싸우게 된다.

어느 부부가 상담을 받으러 왔는데, 아내는 상담을 받는 내내 뚱하게 앉아 있었다. 남편이 왜 그러냐고 아무리 물어도 아내는 대답하지 않았다. 집에서도 마찬가지였다. 아내는 이유도 없이 남편에게 시큰둥했고, 남편은 영문도 모른 채 갈등 상황을 맞아야 했다. 나중에 아내와 대화를 나누던 중 그 이유를 알게 됐는데, 그것은 얼마 전 결혼 10주년에 반지 하나 선물 받지 못했다는 것이었다. 그래서 나는 "남편한테 해달라고 말해 보셨어요?" 하고 물었다. 그랬더니 너무 당연하다는 듯이 "아니요. 왜요?" 하는 것이다. 내가 "왜 말을 안 해요? 말을 안 하면 모르잖아요" 하니까 아내는 "그런 걸 말을 해야 아나요? 자기가 알아서 해야죠" 하며 서글퍼했다.

이런 사례는 우리 주변에서 흔히 있는 일이다. 많은 커플이 겪는 어려움이기도 하다. 사실 이 문제는 감정을 말로 설명하기 어려워한 아내로부터 시작되었다. 많은 여자들이 오해하는 것이 '내 남자는 이런 것도 못해. 그래서 내가 화가 난 거야'라고 생각한다. 그런데 사실 그렇지 않다. 반지가 갖고 싶으면 사실대로 남편에게 말하는 것이 좋다. 거절당해도 괜찮다. 일단 말로 꺼내 놓으면 내 감정과 욕구가 해결될 수 있다. 자녀에게도 감정을 말로 해결하는 방법을 가르쳐야 한다. "너 짜증내지 마!"가 아니라 "짜증이 났구나" 하고 말해 준 다음 자신의 감정과 욕구를 표현하도록 이끌어야 한다. 아이는 이 과정에서 감정을 조절하고 해결하는 방법을 배우게 된다.

그런데 문제는 사춘기다. 사춘기 자녀는 그 어느 때보다 훨씬 불손하다. 자신의 감정을 가지고 부모의 감정을 자극하기 때문에 부모가 정신 똑바로 차리지 않으면 말려들고 만다. 예를 들어, 자녀가 문을 쾅 닫고 들어갔다면, 감정이 상해서 대응하지 말고 먼저 왜 그랬을까를 생각하는 것이다. 그런 다음 대화를 통해 이유를 알아내고 "네가 입고 싶은 청바지가 있었어? 그랬구나" 하고 공감한 다음 "그러면 그게 입고 싶다고 엄마한테 말을 했어야지. 맨날 방문을 쾅 쾅 닫고 들어가면 엄마가 얼마나 당황스럽겠어?" 하고 감정을 표현하도록 가르치는 것이다.

물론 자녀가 원하는 것을 다 해주라는 말은 아니다. 자녀의 이야기를 충분히 듣고 적절한 선에서 타협점을 찾아야 할 것이다. 이것만으로도 자녀의 반항심은 상당히 완화될 수 있다.

마음은 어떻게 자라나?

부모님 vs. 나, 나 vs. 나, 나 vs. 자녀

무엇보다 중요한 건 자기 자신을 아는 것이다. 아무리 좋은 강의를 듣고 감동적인 책을 읽어도 자기 자신을 이해하고 그것이 자신을 변화시키는 데까지 작동하지 못한다면 삶은, 또 관계는 변화되기 힘들다. 사춘기 자녀의 마음을 읽는 게 중요하듯이 부모인 자신의 마음을 이해하고 읽을 줄 알아야 진정으로 자녀와 소통하고 공감할 수 있다.

마음을 들여다보노라면 이렇게 정교하고 절묘하게 만드신 하나님의 솜씨에 감동하지 않을 수 없다. 인간은 도무지 상상하기 힘들 만큼 복잡한 존재다. 과학자들이 지금도 여전히 연구 중에 있는 인체의 신비도 복잡하기 이를 데 없지만, 인간의 심리도 그 못지않게 복잡하고 정교하다. 무엇보다 하나님은 우리 마음에 여러 가지 도구를 두셔서 우리가 어떤 충격을 받거나 상처를 받았을 때 쉽게 무너지거나 상하지 않도록 보호하신다. 마치 마음을 보호하고 잘 살펴서 "어쨌든 살아남아라"라고 말씀하시는 것 같다.

지인 중에 시어머니의 반대로 굉장히 힘들게 결혼한 분이 있다. 결혼한 후에도 쉽지 않았는데, 시어머니가 아들에 대한 애착이 너무 강한 게 문제였다. 그러던 어느 날, 시어머니가 중풍에 걸려 병석에 눕게 되자 며느리 집에 오게 되었다. 지금이야 요양병원도 많지만 벌써 20년 전의 일이니 당시는 자식들이 병든 노모를 모시는 게 당연했다. 그런데 시어머니가 집에 온 지 얼마 안 돼 며느리가 이유를 알 수 없는 하반신 마비를 앓게 되었다. 하는 수 없이 시어머니는 작은아들 집으로 옮겨 가야 했고, 며느리는 시어머니가 돌아가실 때까지 병원신세를 져야 했다. 며느리는 시어머니를 모시지 않겠다고 말도 하지 못했고 의식적으로 인지하지도 못했던 듯하다. 하지만 무의식은 그것을 감당할 수도 감당하고 싶지도 않았다. 그래서 자기 스스로 다리를 마비시켜 버린 것이다. 그 며느리는 시어머니가 돌아가시고 조금씩 나아지기 시작했다.

이렇듯 우리의 무의식은 정말 무섭다. 한계 상황에 부딪쳤을 때 무의식이 작동하므로 아무도 어떤 일이 벌어질지 예측할 수 없다.

무의식의 세계는 의식 세계의 법칙을 따르지 않기 때문이다. 며느리의 무의식이 자신의 다리를 마비시켜 버린 것처럼 내 의지와 뜻과 상관없는 일이 벌어지는 것이다. 우리가 스스로 자기 자신을 알고 든든하게 세우지 않으면 안 되는 이유가 여기에 있다.

하나님이 우리에게 주신 1차적인 사명이 바로 '살아남는 것'이다. 우리는 살아남도록 만들어졌다. 하나님은 최첨단의 방어기제를 우리 안에 두셔서 우리가 어떻게든 '살아남을 수 있도록' 하셨다.

요즘 어느 가정이나 컴퓨터 한 대씩은 다 있다. 그런데 그 컴퓨터의 기능을 100퍼센트 다 사용하는 집은 아마 별로 없을 것이다. 나처럼 서류만 작성하는 경우는 많이 사용해야 10퍼센트일 것이다. 고작 10퍼센트만 알고 이용하는데도 전혀 불편함이 없다. 그러나 컴퓨터가 고장이 났을 때는 문제가 생긴다. 내 지식으로는 너무 복잡해서 고칠 수가 없다. 컴퓨터보다 더 복잡한 것이 인간이다. 우리는 우리 자신에 대해 10퍼센트도 모른 채 그게 '나'라고 믿고 살아가는지도 모른다. 우리 자신에 대해 배워 보면 좀 더 나를 잘 이해하게 될 것이다.

그렇다면 대체 우리 마음은 어떻게 만들어지는 걸까? 어린 시절부터 지금까지 우리 마음은 어떻게 만들어졌을까? 심리학자들은 이 의문을 해소하기 위해 여러 가지 이론들을 제시해 왔다. 물론 완전하지는 않지만 그래도 우리를 이해하는 데 상당히 도움이 될 것이다.

아기에게 엄마는 세상 그 자체

수많은 심리학자들이 인간의 마음에 대해 연구하고 이러저러한 학설을 내놓았는데, 그중 현대 정신 역동에서 말하는 심리적인 발달에 대해 함께 생각해 보자.

아기가 세상에 태어나고 세상과 접촉하면서 마음이 형성되는데, 이때 중요한 요인을 크게 두 가지로 볼 수 있다. 하나는 타고난 기질이고 다른 하나는 환경이다. 환경 중에서도 양육자, 즉 부모가 있는 가정의 환경이 중요하다는 것은 쉽게 짐작할 수 있다. 오래전부터 한 사람의 성격이 형성되는 데 타고난 기질이 가장 크게 작용하는가, 아니면 환경 즉 양육자와 가정환경이 가장 크게 작용하는가를 두고 논란이 분분했다. 그런데 어느 것도 정답은 없다. 그러므로 많은 부모가 아이들이 잘못되거나 어긋나기 시작할 때 혹시 내가 잘못 키워 그런 게 아닌가 하는 자책에 빠지는데 꼭 그럴 필요가 없다. 그런 생각이 오히려 상황을 어렵게 만들 수 있다. 물론 부모의 영향이 중요하기는 하지만 타고난 기질이 매우 힘든 아이도 있다.

따라서 사춘기 아이와 갈등하는 부모의 경우, 아이와 엄마 혹은 아빠가 기질적으로 부딪칠 수밖에 없어서 그럴 수도 있다는 것을 고려해야 한다. 사춘기 자녀와 공감하고 소통하려면 아이와 나, 배우자의 기질도 알아야 할 필요가 있다. 그러나 여기서는 먼저 환경,

즉 양육자의 태도에 대해 생각해 보자.

마음의 세계는 그림으로 그릴 수도 없고 손에 잡히지도 않는다. 그럼에도 마음이 있다는 사실은 의심의 여지가 없다.

세상에 태어난 아기는 아직 마음이 형성되지 않아서 세상을 사고할 수는 없지만 생물학적인 욕구가 있어서 배고픔, 졸음 등을 느끼고 신체적인 불편함을 느낀다.

아기가 배고파서 본능적으로 칭얼거렸더니 입에 젖이 들어왔다. 빨았더니 배가 부르고 기분이 좋아졌다. 오줌을 싸고 축축해서 칭얼댔더니 갈아 주고 분을 발라 주었다. 아기는 뭔지 모르지만 만족스럽다. 그것이 무엇인지는 모르지만 아기는 불편함을 느끼듯이 만족감 같은 것을 느끼는 것이다.

이때 아기는 얼마나 신기할까? 만일 오늘 왠지 처녀 시절에 자주 먹던 낙지볶음이 먹고 싶었는데 남편이 전화해서 낙지볶음 집에 가서 저녁을 먹자고 한다면, 정말 신기하지 않겠는가? 여름 내 사용하던 선풍기를 정리해서 창고에 넣어야 하는데 짬이 안 나서 못하고 있는데 남편이 퇴근 후 선풍기를 닦고 정리해 주면 어떤가? 내가 먹고 싶고 꼭 해야 하는 일들을 말도 안 했는데 척척 알아서 해주면 신기하고 고맙지 않은가? 저 사람이 나를 정말 사랑하는구나, 좋은 남편이구나 싶지 않겠는가?

아기도 마찬가지다. 세상에 태어나 뭔가 불편하다고 느끼는 순간 그것이 해결될 때 세상이 좋은 곳이구나 하고 느끼게 될 것이다. 단지 느꼈을 뿐인데 해결되는 경험을 하면서 아기는 세상이 살 만하고 즐거운 곳이라고 느낄 것이다. 이런 것을 세상에 태어난 아기가 느끼는 것이 정말 중요하다.

반대로 엄마들은 아기가 태어나는 순간부터 아주 피곤해진다. 나는 첫아기를 낳고 아기 때문에 잠을 자지 못할 수도 있다는 사실을 처음 알았다. 두세 시간마다 깨서 젖 달라고 하니 도대체 깊은 잠을 잘 수가 없었다. 그게 나로선 굉장한 고통이고 충격이었다. 그러나 그렇게 피곤하고 힘듦에도 불구하고 아이의 필요에 대해 내가 자동으로 신속하게 반응하는 것도 놀라웠다. 아기는 먹고 싶을 때 먹어야 하고 싸고 싶을 때 싸야 한다. 그러려면 엄마는 아기에게 몰입해서 적절한 반응을 해주어야 한다. 대부분의 엄마들은 밤에 잠을 자지 못해도, 산후 후유증으로 몸이 회복되지 않아도 아기에게 온전히 집중한다.

자다가 아기가 조금만 끙끙거려도 엄마는 눈이 탁 떠진다. 아빠의 귀에는 들리지도 않는 소리가 엄마의 귀에는 기가 막히게 들리는 것이다. 이를 '모성몰두'라고 한다. '모성몰두'란 아기가 태어난 뒤 일정 기간 동안 엄마가 아기에게 한 몸처럼 반응하는 것을 말한다. 그 기간 동안 엄마는 아기의 작은 몸짓에도 그것이 무엇을 요구하는지 신속하게 알아차리고 반응한다. 이제 세상에 태어난 아기에게는 엄마의 이 '모성몰두'가 절대적으로 필요하다. 엄마가 아기에게 한몸처럼 반응하지 않으면 아기는 세상을 무섭고 힘들다고 느낄 수 있다. 실제로도 아기는 너무 연약한 상태이기 때문에 몰입해서 반응해 주고 보살펴 주는 엄마가 절대적으로 필요하다.

아기는 엄마의 반응으로 마음을 만든다

아기는 배고프다고 느꼈을 뿐인데 젖을 물려 배부르게 해주고, 찜찜하다고 느끼는 순간 기저귀를 갈아서 보송보송하게 해주는 걸 경험할 때 세상은 살 만하다는 인상을 갖는다. '생각만 하면 다 되는 세상은 살 만한 곳이야. 좋은 곳이야' 하는 것이다. 그리고 이 느낌은 곧 마음의 구조로 형성되기 시작한다. 따라서 엄마가 아기에게 젖을 어떻게 먹이고 어떻게 닦아 주고 어떻게 반응하느냐에 따라 아기의 마음의 구조가 달라진다. 태어나서 1년까지가 '신뢰'라는 마음의 구조가 형성되는 시기다.

당신은 사람들에게 무언가를 요구하면 그들이 잘 들어 줄 것 같은가, 잘 들어 주지 않을 것 같은가? 바로 그 느낌이 세상에 대한 당신의 인상일 수 있다. 배우자의 문제가 아니라 세상을 바라보는 당신의 관점이 문제일 수 있다. 세상은 살 만한 곳이어서 내가 요청하면 뭐든 다 해줄 것 같은가, 아니면 세상은 살 만하지 못해서 내가 요청하면 절대 해줄 것 같지 않은가?

아기가 배가 고파서 끙끙거리다가 울기 시작한다. 처음엔 살살 울다가 나중엔 악을 쓰며 울어댄다. 한참을 기운 빠지게 울자 그제야 우유가 들어온다. 이때 아기는 세상을 어떤 곳이라 느낄까? 악을 쓰고 기를 써야 만족이 되는 세상이다. 그리고 이런 일이 반복되면 아기는 더 이상 세상에 대해 좋은 기대나 신뢰를 하기 힘들게 된다.

아기는 엄마가 반응하고 말하고 부드럽게 만지는 손길 속에서 세상에 대한 느낌을 뇌에 정보로서 계속해서 쌓아 간다. 그리고 이것이 마음이 된다. 엄마가 느끼는 기분, 그때 드러나는 태도가 아이의 뇌에 쌓이면서 마음의 구조가 되는 것이다.

하지만 똑같은 엄마가 양육했는데도 아이에 따라 다를 수 있다. 왜 그런가? 그것은 아이의 기질에 따라 받아들이는 느낌이 다르기도 하고 엄마가 상황에 따라 다른 태도를 보였을 수도 있기 때문이다. 첫아이 키울 때는 부부간에 사이도 좋았고 경제적으로 넉넉했으나 둘째를 키울 때는 부부간에 갈등이 생겼거나 경제적으로 궁핍해서 엄마의 심리가 불안했을 수도 있다. 또 엄마가 첫째와 둘째를 사랑하는 정도가 다를 수도 있다. 열 손가락 깨물어서 아프지 않은 손가락 없다고 하지만 그럼에도 사랑하는 태도나 느낌에서 다를 수 있다. 부모는 "똑같이 길렀는데 왜 너만 이렇게 유난을 떠니?" 하는

데 사실 이 말은 틀린 말이다. 기질이 달라서이기도 하지만, 양육하는 부모의 상황이 달랐고 나이가 달랐고 쏟는 애정도 달랐다.

아기는 엄마의 태도와 말과 행동에 대한 느낌을 내면화한다. 엄마의 상황이 우울해서 의도하지 않게 우울한 눈으로 아기를 바라보았다면, 아기는 그 우울한 기분을 내면화한다. 아기는 엄마의 상황과 진실을 고려하지 않는다. 단지 드러난 경험에 대한 느낌만 내면화할 뿐이다. 이 내면화된 것들이 바로 마음의 구조가 된다.

이때 아빠는 어떤 역할을 할까? 사실 아기에게 엄마는 오랜 시간을 함께하므로 절대적인 존재다. 아빠가 오랜 시간 같이 있다면 다르겠지만 우리나라에서는 대부분의 경우 엄마가 아이의 양육을 책임진다. 그렇다면 이때 아빠는 무엇을 해야 할까? 엄마의 마음을 편안하게 하는 것이 아빠가 할 일이다. 경제적인 필요를 채워 주고 사랑을 주며 안정감을 줘서 양육에 걸림돌이 없도록 하는 것이다. 엄마의 마음에 분노가 있다면 아빠가 완충지대가 되어서 그 분노를 흡수해 줘야 한다. 다시 말해 바가지를 긁혀야 하는 것이다.

"저 여자가 내 잘못도 아닌 걸로 트집이야!" 하지 말라. 억울하게 생각하지도 말라. 엄마의 마음속에 독이 있다면 아빠가 그 독을 빨리 빼내야 한다. 그것이 아비된 자로서 당연히 해야 할 일이다.

사실 한 아이를 양육하는 일은 정말 힘이 든다. 지금까지 엄마든 아빠든 모든 에너지를 자기 자신에게 집중하며 살았다. 하지만 아기가 태어나는 순간, 모든 에너지가 아기에게 쏠릴 수밖에 없다. 혹시 아내가 예전과 같이 자신을 돌봐주지 않는다고 볼멘소리를 하는가? 자기 자신을 돌아볼 겨를도 없는데 아내가 무슨 정신으로 남편을 돌보겠는가? 만일 그렇게 생각한다면 아직 아버지가 될 준비가 안 된 것이다. 인생에서 지금까지 담당한 역할을 완전히 바꿔야 할 때가 있는데, 바로 아기를 낳아 엄마와 아빠가 되는 순간이다. 엄마든 아빠든 인생의 패러다임을 완전히 바꿔야 아이를 양육하는 일이 조금 더 쉬워질 것이다.

형제가 하나나 둘밖에 없는 요즘 청년들은 베풀기보다 받는 데 더 익숙해 있다. 또 자신의 성공이나 자아성취에 관심이 많다. 하지만 아이 양육은 자기희생과 수고가 필수적이다. 이 패러다임으로 전환하지 않으면 아이 양육은 나의 성공과 자아성취를 가로막는 걸림돌처럼 느껴질 것이다.

인생에는 생각과 역할의 변환이 필요한 시기가 있다. 전환기라고 할 수 있는 때다. 결혼이나 아기의 출생, 아이의 독립, 퇴직 등이 그런 때다. 이때 생각이나 역할의 전환이 빨리 이뤄지지 않으면 위기를 맞게 된다. 만일 새로운 생각과 역할로 순조롭게 전환할 수 있다면 그 시기의 역할을 효율적으로 해낼 수 있게 된다.

마음의 지도

조선시대 김정호는 한반도를 지도로 완성한 사람이다. 그가 어떻게 지도를 그렸는지 알 수 없지만, 직접 발로 다니면서 이곳과 저곳을 이어 붙여 지도를 완성했을 것이다. 아기가 마음의 구조를 세우는 일도 이와 같다. 매일 만나는 사람들의 말과 행동, 태도를 계속 내면화하면서 부분 부분을 만들고 그 부분들을 합쳐서 전체를 완성하는 것이다.

만 5세가 되면 이 마음의 구조가 일단 완성된다. 이때쯤 되면 그동안 경험한 엄마라는 존재에 대한 전체 지도가 완성되는데 이는 엄마와의 계속적인 경험을 통해서 만들어진다.

그런데 이 지도를 완성하는 것이 정말 중요하다. 아이는 이 지도를 바탕으로 세상을 보기 때문이다. 예를 들어, 남편과 아내가 대화를 나누는 장면을 상상해 보자. 아내가 남편에게 "오늘 어떡할 거야?" 하면 남편이 고개를 갸웃하면서 "글쎄 그거 좀 그런데…" 한다. 도대체 '그것'은 무엇이고 '그렇다'는 또 무슨 뜻인가? 그런데 두 사람 사이에서 이런 대화는 일반지사다. 왜 그런가? 두 사람 사이에는 이런 언어를 이해하고 해석하는 자료가 있기 때문이다. 그 자료는 바로 마음속에 있다.

내가 세상을 살면서 관계를 맺게 된 많은 사람들이 '나'를 떠올릴 때 똑같은 느낌일까? 같을 수도 있고 다 다를 수도 있다. 왜냐하면 나를 떠올리고 지각하는 통로로서 마음속 내면의 지도가 다 다를 것이기 때문이다. 누군가를 보고, 그의 말을 듣고 하는 모든 행동을 할 때 우리는 우리 마음속 자료들을 찾아서 그것을 바탕으로 해석하게 된다. 만일 누군가를 전혀 모르겠다면 그 사람에 대한 인식 자료가 내 마음속에 없는 경우일 것이다.

심하게 다툰 뒤 상담을 온 부부가 있었다. 아내는 남편이 '매사에 조그만 일에도 참지 않는다, 애정이 부족하다, 나를 무시한다'면서 울며 호소했다. 남편에게 물었다. "정말 아내를 참아 주기 어렵습니까? 아내를 어떻게 무시하나요?" 그런데 남편의 대답은 아내의 말과 전혀 달랐다. 무시하지도 않았고 오히려 아내에 대해 호의를 가지고 있으며 좋아한다고 했다. 그런데 아내는 왜 이런 느낌을 갖는 걸까? 이런 경우 아내의 마음속 자료에 따뜻하고 사랑이 많은 남자에 대한 경험이 아예 없기 때문일 수 있다.

마음속에 B라는 지도밖에 없으면, A를 보고도 B라고 인지한다. A를 해석하긴 해야겠는데 마음속 자료에 A가 없으니 이를 해석하려고 애를 쓰다가 마음속에 있는 B와 비슷하게 인식하게 되는 것이다.

이런 마음속의 지도를 '대상'(object)이라고 부른다. '대상'은 매우 중요하다. 엄마 대상이 있으면 아빠 대상도 있고 할아버지, 할머니 대상도 있다. 우리 마음속에는 이렇게 많은 대상들이 살고 있다.

우리는 누군가를 만나면 그 사람을 해석하려고 애를 쓴다. '저 남자는 어떤 거 같아? 좀 자기만 아는 것 같은데? 아니야 잰 그래도 이런 면이 있어. 아니야, 이건 이런 거 같아!' 어떤가? 꼭 이렇게는 아니더라도 마음속에서 이런 비슷한 소리를 듣지 않았는가? 그래서 우리가 누군가와 관계를 가질 때, 우리는 우리 내면에 있는 여러 대상들과 함께 관계를 맺고 이어 간다. 다시 말해 우리 내면에 있는 여러 대상들이 의견을 나누고 논쟁을 벌이면서 그중 하나를 선택해 우리의 몸으로 표현되는 것이다.

과연 내가 나일까?

우리는 남편과 살고 있다고 생각하지만, 사실 동시에 우리 내면의 여러 대상들과 살아간다. 남편은 아침이면 출근을 하지만, 내면의 대상들은 우리가 어디를 가나 따라다니면서 자기 의견을 주장한다.

얼마 전에 이수역이란 데서 동창회를 가졌다. 그런데 지방에서 올라온 한 친구가 서울에 이수역이 어딨냐고 묻는데 아무리 설명해도 이해하지 못했다. 알고 보니 그가 아주 오래전에 소지하게 된 지하철 표에는 이수역이 아니라 총신대역이라고 적혀 있었던 것이다.

우리 마음속에 어떤 상이 없으면 아무리 알고 싶고 느끼려 해도 그럴 수가 없다. 우리 안에서 살아가는 여러 대상들로만 세상을 볼 수밖에 없는 것이다. 그러니 한 사람에게 부모란 절대적인 존재다. 부모가 그 사람의 인생을 좌우하는 것이다.

만일 당신이 지금 긍정적이며 즐겁게 살고 있다면, 그런 부모의 상을 가지고 있을 확률이 높다. 반대로 지금 불행을 많이 느낀다면 당신의 인생이 진짜 불행해서가 아니라 그런 대상을 가지고 있기 때문인지도 모른다.

홍이의 아버지는 매우 엄격한 분이었다. 시간 약속을 조금이라도 지키지 않으면 그날은 큰일 나는 날이다. 거실에 머리카락 하나 떨어져 있어도 불호령이 떨어졌다. 그래서 홍이는 어렸을 때 "왜 이렇게 칠칠맞니?", "왜 이렇게 더럽니?", "넌 도대체 생각이 있는 애니, 없는 애니?" 하는 말을 수도 없이 들었다. 그렇게 고등학교까지 아버지의 잔소리를 들으며 살다가 졸업 후 직장을 다니면서 아버지와 떨어져 살게 되었다. 홍이는 아버지로부터 드디어 해방되었다고 좋아했다. 하지만 이미 내면화된 대상은 실재하는 아버지보다 훨씬 강력한 법이다. 육체적으로는 아버지와 떨어져 살게 되었지만, 아버지의 잔소리는 24시간 홍이를 따라다니면서 무한 되풀이되기 때문이다. "늦으면 안 된다. 큰일 나!"

홍이는 약속 시간보다 보통 1시간 빨리 도착한다. 이유가 뭐냐고 물으니 오는 길에 혹시 무슨 일이 생겨서 늦을지도 모르기 때문에 약속 장소에 빨리 도착해 있어야 안심이 된다고 했다. 늦으면 안 된다는 압박감이 없는 사람은 오는 길에 일이 생겨서 늦게 되면 전화해서 사정을 설명하면 그만이다. 그래도 허용될 줄로 믿기 때문이다. 그러나 홍이에게는 어림없다. 만일 늦으면 큰일 나기 때문에 절대로 그래선 안 된다.

그런 아버지를 둔 홍이가 하나님을 믿게 되었다. 하나님은 홍이가 한 번도 경험해 본 적 없는 대상이다. 하나님을 아버지라 부른다니까 마음속에 있는 아버지라는 대상으로 하나님을 해석하기 시작한다. 매우 엄격하고 화나면 무섭고 벌을 주는 아버지로 하나님을 해석하는 것이다. 그래서 홍이 같은 사람이 하나님을 믿고 따르기가 참 힘들다. 차라리 '하나님 어머니'라고 했으면 받아들이기 쉬울 것이다. 우리의 어머니들은 대개 부드럽고 따뜻하며 헌신적이니까.

심리 치료는 그런 점에서 우리 안에 없는 대상을 만드는 과정이라고 할 수 있다. 예를 들어 어떤 사람에게 A는 없고 B만 있다고 할 때, 처음엔 A인 상담자를 만나면서 B로 해석한다. 그러나 상담자를 계속 만나면서 지금까지 그의 마음속에는 없던 A가 그려지기 시작한다. 그렇게 시간이 흐르면 그의 마음속에도 A라는 대상이 생기게 된다. 그러면 B로부터 늘 "실수하면 안 돼, 약속 시간에 늦으면 큰일 난다"고 야단만 듣던 그는 A로부터 "실수할 수도 있고 약속 시간에 늦을 수도 있어, 그래도 괜찮아"라는 말도 듣게 된다. 마음속에서 A와

B가 싸우는 새로운 세계가 열리는 것이다.

우리들 대부분은 하나님을 직접 경험한 적이 없다. 우리 마음속에도 하나님이라는 지도는 없다. 그래서 처음에 하나님을 믿으면 하나님의 마음을 읽을 수가 없다. 그분을 이해하기도 힘들다. 그러나 계속해서 하나님을 경험하면 우리 마음속에 하나님이라는 대상이 생기게 되고, 그러면 이 하나님이라는 대상이 나머지 대상과 싸우게 된다.

그런데 처음부터 하나님을 경험하기는 힘들다. 손도 없고 발도 없으며 형체도 없는 하나님을 경험하려면 거기까지 데려다 줄 매개체가 필요하다.

적어도 하나님의 형상을 가지고 있고 하나님을 조금이라도 내면화하고 있는 먼저 믿은 선배들이다. 그런 사람을 통해 하나님을 어렴풋이 느끼게 되는 것이다. 따라서 성령을 받아 그리스도의 인격이 내면화된 사람이 제자를 삼아 양육할 수 있다. 그리스도의 인격이 내면화되지 않은 채 율법만 있고 말씀의 지식만 있어서는 제자 삼아 양육할 수가 없다.

'관찰하는 나'가 필요해

사춘기 아이가 엄마에게 대들며 화를 내고 짜증을 내자 엄마가 아이를 달래고 있다고 하자. 이때 엄마 안에는 현재 상황을 조절하고 아이와 관계하는 내가 있고, 그런 자신을 관찰하는 내가 있다. 행동하는 나를 '참여하는 나'라고 하고, 옆에서 지켜보는 나를 '관찰하는 나'라고 한다. '관찰하는 나'는 '참여하는 나'를 지켜보면서 옳고 그름을 판단하는 역할을 한다. 따라서 '참여하는 나'도 중요하지만 '관찰하는 나'도 중요하다.

그런데 때로 '참여하는 나'는 있으나 '관찰하는 나'가 부족한 사람이 있다. 사실은 없는 게 아니라 관찰하는 내가 하는 소리를 듣지 못하는 것이다. 그러면 자기반성이나 반추가 되지 않는다. 이때 왜 이런 얘기를 했을까, 그때 내 기분이 왜 그렇게 나빴던 거지, 걔한테 그 얘기는 하지 말걸 하는 게 '관찰하는 나'다. 어떤 상황에서 울컥 화가 치밀어 올랐을 때 '참여하는 나'에서 빨리 '관찰하는 나'로 넘어가면 갈등이 적고 오해가 적을 것이다.

사춘기 자녀가 짜증을 내고 화를 낼 때 순간 화가 나지만, '나도 사춘기 때 저랬잖아. 꼭 이유가 있어서 화를 내고 짜증을 내는 건 아니니까' 하면서 '관찰하는 나'로 넘어가면 아이와 갈등하지 않게 된다.

문제는 이 '관찰하는 나'가 뚜렷하게 형성되지 않은 사람이다.

상담할 때 상담자는 내담자에게 '관찰하는 나'가 되어서 내담자가 자신의 모습을 반추할 수 있도록 자꾸 되묻는다. "그때 왜 그렇게 화가 났을까요?" 했을 때 "애가 이유 없이 짜증을 내잖아요"와 같은 외적으로 드러난 사실이 아니라 "나를 무시한다 싶으면 참을 수가 없어요" 같은 드러나지 않은 내면의 세계를 들여다보게 하는 것이다.

아이가 이유 없이 짜증을 낼 때 모든 부모는 울컥 화가 치민다. 어떤 부모는 화가 난 감정을 여과 없이 마구 퍼붓는다. 그런데 그렇게 하고 나면 다음 순간 부끄럽다는 소리가 내면에서 올라온다. "아이한테 그렇게밖에 대응할 수 없었니?" 부끄러워하는 내게 다음 순간, "너도 참 안됐다" 하는 소리가 나와 그런 나를 위로해 준다.

이렇듯 마음에는 겹겹의 층이 있어서 각 층마다 다른 소리를 낸다. 사춘기 자녀에게 이미 화를 냈다면 엎질러진 물이니 후회하고 한탄만 하지 말고 내면에서 나오는 소리를 잘 관찰해 보기 바란다. '소리 지르면서 화를 냈더니 왜 슬프지?' 한다. 그러다 '창피해' 하는 소리가 들리더니 '잘했어. 이때가 아니면 언제 화를 내 보겠니?' 한다.

이처럼 자기 내면을 관찰하다 보면 성숙해진다. '나는 이게 한계야' 하는 데서 '나는 지금 무엇이 불안하지? 왜 불안하고 두려워하는 거지?'로 전환되어야 성숙해지는 것이다.

마음이 없을 수도 있다

결국 내 안에 좋은 대상을 가지고 있으면 관계를 잘하게 된다. 좋은 대상이 내면에 있으면 다른 사람이 하는 행동을 긍정적으로 해석하게 된다. 반면에 나쁜 대상을 가지고 있으면 다른 사람의 행동을 부정적으로 해석하게 된다.

예를 들어, 많은 사람이 모인 자리에서 기획안을 발표한다고 했을 때, 기획안을 발표하는 나를 다른 사람이 평가하기도 하지만 먼저 나 자신이 그런 나를 판단하고 있다. '바보! 그 말은 안 하는 게 나았잖아. 왜 그런 말을 했어?' 하는 소리가 올라오는가 하면, '괜찮아. 이미 발표했는데 어쩌겠어. 그 정도면 잘한 거야' 하는 소리가 올라온다. 그런데 문제는 이렇게 균형 있는 평가를 하지 못하고 파괴적인 소리가 완전히 장악했을 때다. '네가 하는 일이 그렇지 뭐. 정말 쓸데없고 형편없어. 다신 그런 쓸데없는 짓하지 마.' 이 소리에 완전히 장악된 사람은 이것이 트라우마가 되어서 다시는 발표에 나설 수 없게 된다.

그런데 사실을 살펴보자. 당신이 발표를 끝내고 자리로 돌아왔을 때 어느 누구도 당신의 발표가 잘못되었다는 말을 하지 않았다. 물론 눈빛으로 그런 불만을 보냈을 수는 있다. 하지만 그 눈빛을 해석하는 것도 다른 누군가가 아니라 내 마음이다. 내 마음속에 있는 대상이 편안하고 따뜻하며 공감적이면 당신은 누가 어떤 눈빛을 보내든 그것을 비난으로 받아들이지는 않을 것이다. 하지만 마음속 대상이 비판적이고 지적하길 좋아한다면 아무리 따뜻한 눈길을 보내도 그렇게 해석하지 못할 것이다.

흔히 '히키코모리', 즉 은둔형 외톨이라 불리는 사람들이 호소하는 것이 바로 이런 것이다. 주변 모든 사람들이 자신을 싫어하고 미워하고 혐오한다는 것이다. 실제로 그들이 생각하는 것처럼 사람들은 그들에게 관심이 없는데도 그렇게 느끼고 그래서 불안하고 두려워한다. 이들을 비난하고 혐오하는 것은 다름 아닌 그들 마음속에서 살아가고 있는 대상들인 것이다.

"너 그렇게 하면 다른 사람들이 비웃어."

이렇게 말하는 사람들을 종종 볼 것이다. 그들 마음속에 있는 대상이 그들에게 끊임없이 이렇게 말하고 있다고 보면 된다. 만일 이렇게 말하는 사람이 엄마라면, 이 엄마로 인해 자녀에게 이 소리가 전수되고, 다시 손주에게까지 전수될 수 있다. 그러므로 부모가 해야 할 가장 중요한 것은 자신의 마음속에 있는 대상을 환하게 만드는 것이다. 어둡고 우울하고 비난하고 지적질 하는 대상을 제거해 버리고 긍정적이고 밝고 쾌활하고 격려하고 칭찬하는 대상을 마음에 다시 심어야 한다. 그래야 그 자녀가 그렇게 자랄 수 있다.

어떤 엄마는 내 아이가 나 같은 사람이 되지 않았으면 좋겠다면서 아이를 남에게 맡기거나 가능한 한 아이와 긴 시간을 보내지 않으려 한다. 그런데 이 경우 더 큰 문제가 생긴다. 엄마에게서 어떤 감정이든 받아야 마음이 생기는데 아무것도 받은 게 없으니 마음이 생길 수가 없는 것이다. 이런 아이는 1년이 지나도 심리적 재료가 너무나 빈곤하다. 그래서 부부간에는 자주 대화해야 하고 싸우더라도 협상하며 늘 교감해야 한다. 이런 교감이 아이의 심리적 재료가 되기 때문이다. 또 형제간에도 싸우고 협상하는 것이 중요하다. 이것이 바로 정서적 관계이기 때문이다.

가장 위험한 관계는 부부간에, 형제간에 교류하지 않는 것이다. 차라리 싸움이라도 하는 게 낫다. 혹시 부부간에, 형제간에 너무 사이가 좋아서 싸우지 않으면 다행이다. 하지만 대개는 정서적 교감이 일어나지 않기 때문에 싸우지 않는다고 봐야 한다. 그러므로 싸우지 않는 게 중요한 게 아니라 싸우더라도 정서적인 관계를 갖는 게 중요하다.

아이가 세월이 흐를수록 몸은 자라는데 마음속 대상이 없어서 마음이 자라지 않을 수 있다. 마음을 만들 수 있는 심리적 재료가 빈곤하다는 얘기다. 이 경우, 아이는 타인을 이해할 수 없게 된다. 아무리 연구해도 어떤 사람인지 잘 파악할 수가 없는 것이다. 당연히 사회생활을 하기 힘들어진다. 이런 사람들은 타인에 대해 이해하고 파악하는 능력이 부족하기 때문에 흔히 눈치 없다는 말을 듣게 된다.

'나쁜 대상'을 어떻게 고치지?

우리 마음은 한마디로 엄마 아빠가 경험한 세계이고 그들과 관계하면서 내가 경험한 세계다. 그런데 그 마음의 구조 속에 나쁜 경험들로 가득 차 있다면 현실에서 많은 문제가 생길 수밖에 없다.

그렇다면 이미 형성된 마음속의 대상을 수정하는 게 가능할까? 사실을 말하면 수정할 수 있다. 고칠 수 있는 데까지 고쳐야 한다. 물론 쉽지 않다.

가장 좋은 방법은 무엇일까? 하나님을 경험하는 것이다. 사랑이시며 긍휼이 풍성한 하나님을 경험하는 것 이상으로 좋은 방법이 있을 수 없다. 하나님을 어떻게 경험할 수 있는가? 하나님과 함께하면 된다. 그러면 정서적으로 하나님을 경험할 수 있다. 한편 좋은 사람들과 정서적 경험을 많이 해서 내 속의 나쁜 대상을 수정할 수 있다. 실상 나쁜 대상을 가진 사람이 좋은 사람들을 만나면 처음에는 자신 속에 있는 나쁜 해석을 적용시킨다. 그러나 오래 참아 주고 그 인식을 수정할 만큼 일관성 있게 대하면 나쁜 대상이 수정되기 시작한다. 쉽지 않지만 분명한 것은, 우리 안의 심리적 구조가 수정될 수 있다는 사실이다.

지금 비록 착하지 않지만 하나님을 경험하고 있다면 나는 그것만큼 좋은 것이 없다고 생각한다. 지금 착하고 헌신적이며 전도도 잘하지만 하나님을 경험하지 않는다면 그것보다 불행한 것은 없다고 생각한다. 지금 내가 어떤 상태인가보다 하나님과 정서적인 관계를 맺으며 하나님을 경험하고 있는가가 더 중요하다. 왜 그런가? 하나님과 정서적인 관계를 맺고 친밀해지면 하나님이 내 안에서 내면화되기 때문이다. 하나님이 내 마음속에 살아 있는 대상이 된다는 것은 하나님의 마음으로 세상을 볼 수 있다는 의미다. 이보다 더 좋은 소식이 어디 있겠는가?

과정을 경험하는 것이 중요하다

심리학자 도널드 위니캇(Donald W. Winnicott)의 대상관계를 해설한 책《울타리와 공간》을 보면 지금까지 설명한 내용들이 자세히 기술되어 있다. 전문 서적이라 용어 자체가 생소하겠지만 한번 읽어 보면 많은 도움이 될 것이다.

도널드 위니캇은 매우 따뜻한 가정에서 외아들로 자란 정신과 의사로서, 그의 이론은 매우 밝고 따뜻하다. 물론 밝고 따뜻하다고 해서 무조건 좋은 것은 아니다. 어떤 학자는 매우 어둡고 비판적이며 날카롭지만 그 나름대로 강점이 있기 때문이다.

인간에 대한 애정이 특별했던 위니캇은 결혼해서 아이를 키우고 싶어 했다. 하지만 그에겐 일생 동안 아이가 생기지 않았다. 그래서 위니캇은 평생 동안 비행 청소년과 같은 이들을 집에 데려와 돌보았다. 그러면서 그는 병리적인 증세를 보이는 아이들이 어떻게 엄마와 관계 맺기를 했는지를 살폈다. 그리고 그는 아이가 하는 모든 경험의 과정을 허용하는 엄마가 좋은 엄마라는 결론을 내렸다.

유아가 엄마의 견해를 이해할 만큼 자라려면 다양한 경험이 필요하다. 아기는 저 혼자 손가락을 가지고 놀다가 어느 순간 깜짝깜짝 놀란다. 자기 손인지 몰라서 그렇다. 자기 손인 줄도 모르고 놀다가 어느 순간 놀라운 발견을 하는데, 그것이 자기 손인 줄 알게 되는 것이다.

이 손은 내 것이다, 내 마음대로 할 수 있다고 인지한 순간, 아이는 그 손으로 손에 잡히는 모든 것을 찢고, 던지고, 쥐었다 폈다 하면서 놀기 시작한다. 그러다 엄마가 숟가락으로 밥을 먹이면 그 수저를 자기가 잡겠다고 막 운다. 할 수 없이 수저를 주면 그때부터 온 집이 난리가 난다. 사방에 밥풀이 묻고 물이 쏟아지고… 그러면 엄마가 수저를 뺏고 주지 않으려 한다.

하지만 아이가 자기 손으로 숟가락을 쥐고 밥을 입에 넣기까지는 이런 과정이 필요하다. 엄마로선 집 안이 엉망이 되니 치우려면 고단하겠지만, 아이에겐 이 시간이 반드시 필요하다. 아이가 스스로 숟가락질을 능숙하게 할 때까지 부모가 할 일은 참고 기다려 주는 것이다. 경계를 두어 어지르게 하면 좀 수월할 것이다. 예를 들어 어떤 특정한 의자를 둬서 그 안에서 엉망으로 어지르도록 허용해 주는 것이다.

최근 TV 육아 프로그램인 〈슈퍼맨이 돌아왔다〉를 보면 삼둥이 형제네 집에서 이것을 매우 잘하는 것 같다. 밥을 먹든 놀이를 하든 경계를 두어 그 안에서 아이들이 자유롭게 누리도록 하는 것이다. 자유를 주되 경계 안에서 누리게 하는 것이다.

하지만 깔끔한 엄마는 아이들이 아무렇게나 어지르는 것을 참지 못한다. 집 안이 엉망이 되는 게 무서워서 숟가락 자체를 금지하는 엄마도 있다. 하지만 아이가 숟가락질을 능숙하게 하고 안 하고는 사실 중요하지 않다. 중요한 건 그런 경험을 함으로써 아이들 내면에 심리적 재료가 풍부해진다는 사실이다.

하나님을 알아 가는 신앙의 여정도 다르지 않다. 처음부터 말씀 공부를 열심히 해야겠다는 사람은 없다. 초등학교 때부터 공부에 흥미를 붙이고 스스로 찾아서 공부하는 아이는 아주 드물다. 내가 아는 아이 중에 알아서 스스로 공부하는 아이가 있어서 참 기특하다 했는데, 나중에 알고 보니 심리적으로 가장 불안한 상태에 있었다. 그러니까 이 아이는 심리적으로 너무 불안해서 공부에 매달린 것이다.

그러므로 아이가 어른스럽다고 부러워할 것이 못 된다. 또래보다 너무 성숙하고 너무 많은 것을 알아 버리면 발달상에 문제가 생기게 마련이다.

의심하고 회의하고 방황해야 큰다

건강한 사람은 자아의 통합을 잘 유지하는 사람이다. 자아의 통합이란 곧 나에 대한 정의를 말한다. '나는 뛰어나진 않지만 그런대로 괜찮은 사람이야. 미스코리아처럼 예쁘지 않지만 이만 하면 좋은 인상이지. 몸매 역시 예전 같진 않지만 아직은 볼 만해' 같이 스스로 자신을 정의하는 것을 말한다. 하지만 이렇게 나에 대한 정의가 통합되기까지는 수많은 세월을 견뎌야 한다.

자아의 통합이 견고하지 못한 사람은 외부의 자극이 오면 '나는 무엇이다'는 핵심이 흔들리는 것을 본다. 예를 들어 교회에서 찬양대회를 위해 율동을 배우는데 다른 사람들은 곧잘 따라 하는데 나만 자꾸 한 박자 늦게 동작을 하다가 그만 공연에서 큰 실수를 했다고 하자. 갑자기 자괴감이 몰려들면서 내 안에서 뭔가가 무너지는 것 같다. '나 바보인가 봐' 하다가 '진짜 별 볼일 없는 인간이야'로 비약해서 무너지는 것이다.

그러나 건강한 사람은 잠시 자괴감이 들다가도 얼른 제자리로 돌아온다. '맞아. 내가 좀 못하지. 하지만 그게 다가 아니잖아' 하면서 자아 통합의 핵심이 흔들리지 않는 것이다. 자아의 통합이 어느 정도 견고한 사람은 좀 과중한 스트레스를 받아도 회복이 빠르다. 그런 통합은 자아가 적절한 과정을 하나하나 거쳐야만 이룩된다.

나는 초등학교와 중학교를 검정고시로 본 사람을 꽤 많이 만났다. 워낙 우수하고 훌륭한 분들이라 사회생활 하는 데 아무 문제가 없음에도 그들이 하나같이 하는 말이 있다. "자식을 낳으면 절대 검정고시 보지 않게 하겠다." 왜 그럴까? 기능적으로는 모자람이 없어 보이지만 학창 시절이라는 과정이 생략되었고 그것이 주는 결핍을 느끼기 때문일 것이다.

한 사람이 인간으로서 완성되어 가는 데 이 과정이 얼마나 중요한지 모른다. 자아가 통합되려면 무수한 과정을 경험하면서 자기 내면화를 시켜야 한다. 신앙도 마찬가지다. 통합적인 믿음을 가지려면 신앙에 대해 회의하고 의심하는 방황의 시간이 필요하다. 믿을 수가 없어서 방황하는 시간을 거친 사람은 믿음을 가졌을 때 견고하고 건강하게 신앙생활을 하게 된다.

엄마가 교회 가라고 해서 교회 가고, 예수가 하나님의 아들이고 구원자이며 그리스도임을 믿어야 한다니까 믿는 사람들 중에는 40대가 되어 뒤늦게 방황하고 회의하다가 교회를 떠나는 사람들이 있다. 아이가 믿지 못하고 의심하고 회의할 때 부모의 눈으로는 어리석어 보일지라도 그 순간을 품어 주고 기다려 줘야 한다.

어른아이는 위험하다

아이들은 자아가 아주 약하다. 자아는 선택하고 적응하고 조절하는 기능을 하는데, 아직 자아가 약한 아이들은 엄마가 대신 선택해 주고 조절해 주고 적응하도록 해준다. 이렇게 엄마가 아이의 자아 기능을 대신해 주는 기간은 충분히 길어야 한다.

그러면 엄마가 아이 대신 선택하고 조절하고 적응해 주지 않으면 어떻게 될까? 아이의 자아가 스스로 작동하기 시작한다. 엄마가 대신해 주지 않으니까 스스로 선택하고 조절하고 적응하는 것이다. 문제는 아이는 아직 이런 것을 할 만큼 자아가 통합되지 않았다는 사실이다.

자아가 통합되지 않은 상태에서 어른들의 흉내를 내려다가 자신의 진짜 자기를 발달시키지 못하게 되면 애늙은이가 되어 버린다. 이런 애들은 차라리 엄마보다 더 야무지기도 하고 어른스럽다. 그러면 어른들은 "어쩌면 우리 애는 아무것도 못하는데 쟤는 저렇게 잘하니?" 하면서 부러워한다. 하지만 이런 아이는 이상기온으로 과일이 다 자라지도 않은 상태에서 순식간에 빨갛게 익은 것과 같다.

당연히 맛도 없고 크기도 자잘하다. 과일은 충분한 햇빛과 비바람을 맞으며 탐스럽게 익어야 몸에도 좋고 맛도 좋은 법이다.

자아가 충분히 통합되지 않은 상태에서 어른이 되어 버리면 휴식할 수 있는 능력을 상실한다. 간혹 주변에 쉬지 못하는 사람들이 있을 것이다. 일부러 만들어서라도 일에 매달리는 사람들이다. 왜 이렇게 일에 매달리는가? 일을 해야 내가 괜찮은 사람으로 인정받을 수 있다고 생각하기 때문이다. 일을 하지 않는 자신은 너무나 별 볼 일 없어서 견딜 수가 없는 것이다.

쓸데없다고 느껴지는 순간이 소중한 시간이다

한번은 고2 아들을 둔 엄마가 찾아왔다. 혼자서 아이를 키우는 엄마인데 아들이 말을 듣지 않아 너무 괴롭다고 했다. 그래서 나는 이 엄마에게 하루 동안 아이와 어떤 대화를 나누는지 한번 적어 보라고 했다. 그랬더니 "어서 일어나 밥 먹고 학교 가", "숙제는 다했니?", "몇 시부터 공부할 거니?", "게임하지 마" 따위였다.

알고 보니 이 엄마는 학창 시절에 공부도 잘했고 능력도 있어서 아이를 유능하게 키워서 성공시켜야겠다는 욕구가 아주 많았다. 아들은 엄마가 입만 열면 "공부하라" 하니 엄마와는 어떤 얘기도 하고 싶지도 듣고 싶지도 않았을 것이다.

나는 이 엄마에게 그런 얘기하지 말라고 했다. 그러자 그녀가 내게 이렇게 반문했다.

"그럼 무슨 이야기를 해요?"

지금까지 그런 얘기 말고 다른 얘기를 해본 적이 없는 것이다. 이 엄마는 공부해라, 성실해라, 바르게 살아라, 지각하지 마라, 하나님이 기뻐하는 사람이 되라와 같이 진짜 중요한 얘기 말고 농담이나 감정의 나눔 따위를 시간 낭비라고 생각했다.

그러나 정작 아이에게 필요한 건 이 엄마가 생각하는 쓸데없는 이야기다. 다시 말해 정서적인 교감이 이뤄지는 대화가 필요한 것이다. 예를 들어, 오늘 버스를 탔는데 앞자리에 누가 앉더니 이렇게 하더라 같은 해도 그만 안 해도 그만인 대화가 정말 필요한 대화인 것이다.

그리스도인들은 한 술 더 떠서 "기도했니?" 하고 "성경 읽자" 한다. 중요한 이야기이지만 이 또한 지시와 통제를 위한 말이다. 지시와 통제, 훈계는 반드시 필요하다. 그러나 아무리 필요한 훈계라 할지라도 마음이 서로 연결되지 않고서는 공허한 메아리밖에 되지 못한다. 인간에게는 최소한의 정서적 교감이 이루어진 다음에 그런 것들이 전달될 수 있다.

사람들은 보잘것없는 존재와 보잘 것 있는 존재를 나누는가 하면, 중요한 존재와 중요하지 않은 존재를 나눈다. 그리고 나서 반드시 보잘 것 있으며 중요한 존재가 되기 위해 노력한다. 얼마나 피곤

한 인생인가? 사람은 그렇게 간단한 존재도 아니고 성과에 따라 중요하거나 중요하지 않은 존재도 아니다. '존재 자체만으로 천하보다 더 귀한' 존재다.

그런데 문제는 어떤 것으로도 내가 중요한 존재라는 확신을 갖지 못한 사람이 있다는 사실이다. 내가 중요하고 쓸모 있는 존재라는 걸 어떻게 알 수 있는가? 어떻게 확신할 수 있는가? 그저 자기 확신이요, 느낌일 뿐이다. 이런 사람 앞에 만일 그보다 더 쓸모 있어 보이고 중요해 보이는 사람이 나타나면 어떻게 될까? 그 순간 쓸모없는 존재로 전락하게 된다.

우리 아이 성적이 1등급 나오면 쓸모 있는 엄마이고, 5등급 나오면 쓸모없는 엄마이며, 7등급 나오면 얼굴도 들지 못하는 형편없는 엄마가 되는가? 오늘날 우리는 이런 무수한 비교 장치를 무시하지 못하고 살아간다.

아직 자아가 통합되지 않은 아이가 실수하는 것을 허용하고 끌어안아 주는 환경에서 자란 사람들은 힘든 상황이 왔을 때 견딜 힘이 있다. 이들은 더 나은 상태로 나갈 수도 있지만 그 상태로 머물 수도 있다. 하지만 그냥 머무는 것을 힘들어하지 않는다.

명문 대학을 다니는 한 아가씨의 고민은 자기가 좀 더 뛰어나지 않은 것 때문에 견딜 수가 없다는 것이었다. 자기가 뛰어나지 않다고 생각하면 죽을 것만 같단다. 그래서 당신이 생각하는 뛰어난 사람이란 누구냐고 물었더니 워런 버핏, 스티브 잡스라고 말했다. 그러니까 이 사람은 자신이 천재가 아니라 평범한 사람이라는 것이 견딜 수 없는 것이다.

당신은 어떤가? 당신은 명문 대학을 나온 것도 아니고 천재도 아니고 특별히 자랑할 만한 능력도 없어서 보잘것없는가? 그래서 명문 대학을 다니는 이 아가씨의 푸념이 철없어 보이는가? 하지만 당신이 하버드 대학을 나왔다면 어떨까? 과연 자신에 대해 만족스러워할까? 지금의 나를 인정하고 충분히 즐기며 감사할 수 없다면, 하버드를 다녀도 워런 버핏과 같은 부호가 되어도 만족하지 못할 것이다.

중요한 것은 내가 내 자신을 괜찮다고 생각하는 것이다. 그리고 혼자 있을 수 있는 능력이다. 우리 마음속에 좋은 대상, 공감적인 대상, 배려가 많은 대상이 있다면 비록 내가 혼자라도 혼자인 나 자신을 위로하며 혼자 있을 수 있다. 혼자라는 외로움을 견디는 능력이 있는 것이다.

위니캇은 좋은 엄마란 최고의 엄마가 아니라고 했다. 그냥 좀 괜찮은 엄마면 된다고 한다. 아이의 방황과 좌절, 미성숙을 견딜 수 있는 엄마면 괜찮은 엄마다. 하지만 자아가 통합되지 못한 엄마는 아이의 불안전성을 용납하지 못한다. 공부하지 않고 딴짓 하는 것을 견디지 못한다. 용납할 수 없고 견딜 수 없으면 아이를 들들 볶을 수밖에 없다.

마음은 자라야 한다

성경에는 수많은 약속들이 나온다. 하지만 그 약속이 내 눈에 보이게 손에 쥐어지는 것은 아니다. 그래서 성경이 말한 약속과 현실의 나 사이에는 엄청난 괴리가 생긴다. 성경은 하나님 나라를 약속하고 있다. 그러나 우리가 실재하는 곳은 하나님 나라가 아니라 현실의 이 땅이다. 이 엄청난 괴리를 견디는 것이 믿음이다. 하지만 견디는 동안 우리는 무수히 흔들리게 된다. 그리고 그 흔들림 속에서 신앙이 자라고 인격이 자라게 된다. 하나님은 우리가 흔들리며 방황할 때라도 용납하며 기다리신다.

자녀가 방황하고 흔들리고 있다면 부모는 그조차 용납하며 기다려야 한다. 그것이 좋은 부모가 할 일이다.

"우리 아이가 인터넷 중독인데 어떡하면 좋아요?"

흔히 상담실을 찾는 엄마들의 호소는 이렇게 시작된다. 그런데 냉정하게 엄마의 말을 따져 보면, 인터넷 중독에 빠진 우리 아이를 고쳐 달라다. 하지만 상담자는 아이가 언제부터 인터넷 중독에 빠지게 됐는지, 어느 정도 심한지, 인터넷에 빠진 아이에게 엄마는 어떻게 대응했는지, 그럴 때 아이의 반응은 어땠는지를 꼬치꼬치 묻는다. 그러면 대부분의 엄마는 중독에서 벗어나는 방법이나 얼른 가르쳐 줄 것이지, 쓸데없이 질문이 많다고 화가 나기 시작한다. 그래도 상담자가 눈치 없이 이것저것 캐물으면 마침내 참지 못하고 빨리 대책만 알려 달라고 재촉한다.

그때 나는 엄마들에게 이렇게 말한다.

"지금 뭘 하느냐가 중요한 게 아니라 당신과 내가 이야기하고 있는 이 순간이 중요합니다. 이 순간들을 자꾸 쌓아 가야 당신이 당신 아들에게 하는 행동이 바뀌게 될 것입니다."

그런데 상담자들도 이런 시간들 속에서 갈등하게 된다. 내담자를 상담하면서 뭔가 눈에 띄는 변화가 보여야 하는데 그렇지 못할 경우 초보 상담자들은 마음이 급해진다. 상담자는 내가 지금 무엇을 하고 있나 싶어 스트레스에 시달리게 된다. 한편, 내담자가 눈에 띄게 변화되어서 자기 자신에 대한 통찰을 얻고 돌아가는 것 같으면, 상담자는 '내가 괜찮은 상담자네' 하면서 몹시 뿌듯해 한다.

하지만 노련한 상담자는 상담이 잘 풀린다 싶을 때보다 어쩐지 길을 잃은 것처럼 헤매고 있다고 생각될 때가 훨씬 중요한 때라는 사실을 안다. 초보 상담자는 뭔가 일이 안 풀리는 것 같으면 뭐든 계속 시도한다.

어떤 초보 상담자는 매 시간 검사를 실시해서 뭔가 하고 있다는 느낌을 받기를 원하기도 한다. 이유는 불안하기 때문이다. 불안해서 검사한 내용이라도 해석해 주고 싶은 것이다. 그러면 내담자도 뭔가 얻고 가는 착각에 빠지게 된다.

이 상담자는 의미 없어 보이고 헤매는 시간을 견디지 못하는 사람일 수 있다. 좋은 상담자는 내담자가 방황하고 무의미해 보이는, 그저 그런 시간을 지나갈 때 함께 잘 견뎌 준다. 그리고 그것이 그에게 필요한 시간이라는 것을 안다.

우리는 중요한 것, 의미 있는 것을 추구한다. 그리고 우리 자신 역시 중요한 사람이 되고 싶어 한다. 그러나 어떤 순간이 의미 있고, 무엇이 중요한지는 천국에 가 봐야 알 수 있다. 이 세상은 출세도 중요하고 박사학위도 중요하고 전문가도 중요하고 돈 많이 버는 것도 중요하다. 하지만 천국에선 그런 것이 그다지 중요하지 않을 것이다. 천국에선 얼마나 사랑했느냐가 중요할 것이다. 이 세상에선 사랑을 어떤 값이나 점수로 환산할 수 없다. 그러나 천국에선 사랑을 측량할 수 있을 것이다. 물론 점수 체계 역시 세상의 것과는 다를 것이다.

지난 100년 동안 일어난 변화는 1만 년 동안 일어난 변화와 맞먹는다고 한다. 그런데 더 놀라운 것은 앞으로 20년 동안 일어날 변화는 지난 100년 동안의 변화와 맞먹는다는 것이다. 그렇다면 앞으로 20년 동안 일어날 변화는 지난 1만 년 동안 일어난 변화와 맞먹는다는 얘기다. 이렇게 빛의 속도로 빨라지는 변화 앞에서 우리는 정말 중요한 것이 무엇인지를 생각해 봐야 한다.

지금까지 선망하는 직업군이나 추앙하는 능력은 이 변화 앞에선 무의미한 것일 수 있다.

우리 아이들이 살아갈 세상은 오늘날 우리가 경험한 세계와 전혀 다른 세계일 것이다. 변화가 빠를수록 심리적인 압박감을 견디기가 더 어려워질 것이다. 그런 점에서 자녀가 공부를 조금 더 잘하고 못하고는 더 이상 중요하지 않다. 중요한 것은 어떠한 폭풍우에도 흔들리지 않는 견고한 자아의 통합이다. 지금 우리가 부모로서 아이에게 해줄 수 있는 최선은, 아이가 어떤 실수를 하더라도 용납하고 기다려 주는 것이다. 그래야 아이의 마음이 충분히 자라서 자아를 통합할 수 있다.

혹시 당신은 당신이 바라는 성과를 위해 자녀의 마음이 자라지 못하도록 방해하고 있지 않은가? 어떤 결과가 빨리 내 눈으로 확인되고 내 손에 쥐어지길 바라면서 아이가 실수하고 경험하고 터득하는 과정을 생략하고 싶어 하지 않는가? 우리 사회가 자살률과 이혼율이 세계에서 순위를 기록하는 것도 바로 이 '빨리빨리' 때문이라고 할 수 있다. 빨리빨리는 병리적인 아이, 병리적인 사회를 만들어 낼 뿐이다.

이 시간, 무엇보다 자신의 마음속에 있는 대상의 소리를 살펴보기 바란다. 어떤 일이 일어났을 때 내 안에서 어떤 소리가 나는지 귀 기울여 보기 바란다. 혹시 어린 시절, 자아의 통합이 채 되기도 전에 어른이 되어 버린 것은 아닌지 돌아보기 바란다.

내 마음은, 나의 태도는, 나의 느낌은 그대로 아이에게 전수된다는 사실을 잊지 말아야 할 것이다.

너는 도대체 누구냐?

마음의 기둥 – 자존감

민아는 대학 졸업 후 직장 생활을 하는 청년이다. 성실하고 부지런한 꽤 괜찮은 청년이다. 사람들은 귀여운 외모에 대학을 나와 직장 생활을 잘하는 민아에겐 아무런 문제가 없을 것이라고 생각했다. 그런데 민아는 혹시 과장님이나 팀장님 기분이 안 좋으면 혹시 자기 때문이 아닌가 전전긍긍했다. 동료들이 자기들끼리 식사를 하러 가 버리면 나를 따돌리는 게 아닌지 마음을 썼다. 일도 실수하지 않으려 최선을 다했고 행동거지 하나하나까지 늘 조심했다. 민아는 다른 사람들이 자기를 어떻게 생각하는지, 자신의 행동에 어떤 평가를 하는지에 늘 신경이 곤두서 있는 것이다.

어느 날인가 식사 중에 동료가 "민아 씨는 좀 눈치가 없는 것 같아" 하고 우스갯소리를 했는데, 그것이 신경 쓰여 그날 집에 돌아와 잠을 제대로 못 잤다. 민아는 그냥 쿨하게 지나가면 좋으련만 타인의 말 한마디에도 마음이 힘든 자신이 너무 싫다.

입김에도 흔들리는 추

우리는 '나는 ~이다'라고 스스로를 정의한다. 우리 자신에 대한 정의, 우리 자신이라고 할 수 있는 그 무엇을 코헛이라는 학자는 자기(셀프, self)라고 했다. 셀프는 누군가와 혹은 무엇인가와 관계한다 할 때, 그 주체가 된다. 목표를 설정하고 계획하고 일하고 추진해 나가는 주체다. 셀프가 건강한 사람은 자신에 대한 정의가 어느 정도 확실한 사람이다.

'공부는 왜 하는가? 아이는 왜 키우나? 일을 왜 하나?' 같은 질문에 답하는 것도 자기에 대한 정의를 어떻게 내리느냐에 따라 달라진다. 예를 들어, "왜 아이를 키워야 해?"라고 물어봤을 때, 셀프가 건강하고 만족스러운 사람은 "아이가 한 사람으로서 아름답게 살아가게 해야 하니까"라고 대답할 것이다. 하지만 셀프가 약한 사람은 "아이가 있어야 내가 완전해지지" 혹은 "아이가 있어야 내가 괜찮은 인간이 되지"라고 대답할 수 있다. "아이가 왜 성공하길 바라?" 하면 "아이가 성공해야 내가 성공한 인간이 되지" 하는 식이다. 왜 그럴까?

'왜 상담자가 되어야 해? 왜 하나님을 잘 믿어야 하지? 왜 출세해야 해? 왜 돈을 많이 벌어야 해?'도 마찬가지다. 셀프가 견고한 사람은 출세하거나 돈을 많이 버는 것으로 자기 자신을 정의하지 않는다. 물론 누구나 그런 것을 좋아하겠지만 그런 것으로 자신을 유지하고 자신이 괜찮은 사람이라고 여기는 가장 중요한 근거로 삼지는 않는다. 출세하고 돈을 많이 벌고 아이를 키우는 등 겉으로 드러난 모습은 같아도 그 내면에서 일어나는 역동은 셀프의 상태에 따라 다르다. 서로 상처를 주고받는 관계가 되는가, 서로 격려가 되고 힘이 되는 관계가 되는가는 이 역동으로 결정된다.

사람은 타인과 관계하는 경험을 통해서 자기를 형성하게 된다. 하지만 자기가 견고하다고 해서 무조건 외부의 자극에 전혀 흔들리지 않는다는 뜻은 아니다. 전교 1등 하던 아이가 어느 순간 전교 100등을 하면 당연히 흔들린다. 이것은 당연한 일이다. 지난달 매출이 1억 원이었는데 이달엔 천만 원으로 뚝 떨어져서 오히려 적자가 5천만 원이 났다면 흔들리지 않을 사람이 없다. 셀프가 견고해도 사람은 누구나 외부의 자극에 의해 흔들리게 마련이다.

그런데 이 자기가 극심하게 흔들리는 때가 있다. 사춘기다. 아주 사소한 외부의 자극에도 사춘기에는 심하게 흔들릴 수 있다.

사춘기 아이들이 흔들리는 것이 정신적인 부분이 많은 것 같지만 사실은 물리적인 부분도 많다. 사춘기 아이들은 시시각각 변하는 자신의 모습을 적응하기가 어렵다. 갑자기 키가 훌쩍 커 버리고 목소리가 변하고 얼굴엔 여드름이 나고 가슴이 봉긋해지고 살이 쪘다가 빠졌다가 이렇게 변화무쌍한 자신을 아무렇지도 않게 받아들이기가 어려운 것이다.

예전에 병아리를 키운 적 있는데, 보고 또 봐도 예쁘기만 하던 병아리가 자라면서 닭이 되기 직전에 아주 볼품없이 변하는 것을 보았다. 닭이 되기 위해 병아리 털이 빠지니까 병아리도 아니고 닭도 아닌 것이 아주 볼썽사나웠다. 하지만 그 과정을 지나야 늠름한 닭이 될 수 있다.

사춘기에는 신체적인 변화도 변화지만 정신적으로는 더 변덕스러워진다. 우리 아들이 어느 날 "엄만 상담을 한다면서 어떻게 그런 것도 몰라?" 하는데 가슴이 아팠다. 시간이 흘러 어느 날 "네가 나한테 그런 말을 해서 속상했어" 했더니 아들은 아무렇지도 않게 "그때 내가 흥분해서 한 말을 아직까지 마음에 담아 두고 그래? 나도 모르게 아무 말이나 막할 때가 있단 말야" 하는 것이다. 사춘기 아이들은 자기가 극심하게 흔들리기 때문에 그때그때 변덕을 부린다. 아무리 부모라도 보아 넘기기가 힘들다.

1t

나는 이 셀프를 '추'에 비유하곤 한다. 추가 무거우면 바람이 불어도 잘 흔들리지 않지만 추가 가벼우면 가벼운 입김으로도 흔들린다. 자기 자신에 대한 확고한 정의가 없으면 추가 가벼워서 다른 사람의 말이나 시선에 쉽게 흔들린다. 그래서 이런 사람들은 누구보다 인정을 받고 싶어 하고, 돈이나 지위 따위로 자기를 포장하고 싶어 한다.

셀프가 취약한 사람들은 좋은 차, 좋은 집, 명품 가방, 수려한 외모에 목을 맨다. 늙는 것을 용납하지 못하는 것도 마찬가지다. 화려하고 아름다운 것이 사라진 자신은 너무 추하다고 생각하기 때문에 견딜 수가 없는 것이다. 셀프가 약하면 약할수록 다른 것들로 자기를 위장하려 든다.

사춘기 아이들은 이 추가 가벼운 상태이기 때문에, 친구들과 동질감을 느낌으로써 자기를 위장하고 싶어 한다. 친구들이 외면하면 자기 존재가 사라질 것 같은 위기감을 느끼기 때문에, 어른이 보기에 말도 안 되는 것도 친구들이 하면 무조건 따라 해야 한다. 친구를 따라 스마트폰도 사야 하고 머리에 염색도 해야 하고 브랜드 신발과 옷도 입어야 하고 청바지를 찢어서 입어야 하는 것이다. 게임도 마찬가지다. 자기 혼자 게임을 하지 않으면 왕따가 될 것 같아 설사 흥미가 없을지라도 같이 기웃거린다. 모두 자기를 유지하기 위해 하는 행동들이다.

하지만 엄마들은, 특히 크리스천 엄마들은 신앙적 신념을 추구하기 때문에 아이에게 그런 쓸데없는 데 정신을 빼앗긴다고 잔소리를 하게 된다. 당연히 엄마의 이런 잔소리가 아이에게 통할 리 없다. 만일 엄마의 말을 고분고분 따른다면 그 아이는 스따(스스로 왕따)가 되고 만다.

따라서 사춘기 자녀를 둔 부모가 할 일은 아이들의 셀프를 견고하게 만드는 것이다.

정신세계에 산소를 공급하라

따가운 햇살이 내리쬐는 오후, 우리 사무실에 중후한 중년 신사가 찾아왔다. 누가 봐도 여유 있는 얼굴에 인생을 잘 살아온 관록이 느껴지는 분이었다. 지금까지 최선을 다해 살아왔고 그 분야에선 누구보다 뛰어난 성과를 올린, 이름만 대면 알 만한 분이었다. 이제 여유 있게 인생을 즐겨도 될 법한데 그를 괴롭히는 현실의 문제가 있었다. 명예도 돈도 아닌 바로 딸이었다.

그가 시간을 쪼개며 사업에 헌신하는 동안 아내는 대한민국의 여느 어머니처럼 딸을 명문대에 보내기 위해 온갖 뒷바라지를 하면서 노력했고 딸은 그 노력에 부응해 명문대에 들어갔다. 그런데 그때부터 문제가 터지기 시작했다. 딸이 대학에 들어가더니 친구를 사귀기 어렵다, 공부가 어렵다 하더니 우울증에 걸려서 급격히 성적이 떨어졌다. 휴학과 복학을 반복하다 이제 20대 후반이 되었으나, 딸은 사회적 능력이 현저히 떨어져서 도무지 대책이 서지 않는다는 것이었다.

여러 정황을 살펴보니 이 가족은 그동안 꼭 필요한 일, 중요하고 가치 있는 일만 하고 살아왔다. 중요하지 않은 사소한 일, 불필요한 대화는 거의 하지 않았다. 어떻게 보면 매우 효율적으로 산 것이다. 최소 투자에 최대 효과, 아마 일이었다면 최고의 성과를 냈을 터였다. 그러나 인간은 공장이나 일 이상의 존재이고 매우 복잡하고 다양한 면들을 가진 존재다.

지금까지 인간의 발달과 심리를 수없이 연구하고 획기적이리만치 여러 요인들을 밝혀냈지만, 그것조차도 인간의 전체가 아닌 제한적인 부분일 뿐이다. 인간의 어떤 부분이 어떤 방식으로 발달되고 무엇이 중요하고 무엇이 덜 중요한지는 부분적으로 알려졌을 뿐이다. 따라서 지금 중요하다고 밝혀진 부분을 발달시키려고 부모가 인위적으로 개입하는 것은 좋은 결과를 만들어 내지 못한다. 아직 밝혀지지 않은 부분이 훨씬 더 많기 때문이다.

이 딸은 오랫동안 보통 사람의 일상적인 관계, 대화 등이 현저히 부족한 채로 살아왔기에 사람들과의 관계에서 감정의 알아차림, 대화를 이끌어가는 능력을 개발하지 못한 상태였다.

상담을 통해 이런 능력을 끌어올려야 했다. 당연히 오랜 시간이 걸릴 터였다.

마음이 건강하게 성장하기 위해 꼭 있어야 할 것들

심리학자 코헛은 인간의 마음이 건강하게 형성되는 중요한 요소를 심리적 산소라고 했다. 산소가 있어야 호흡할 수 있는 것처럼 심리적 산소가 있어야 인간이 건강하게 살아갈 수 있다는 의미다. 그렇다면 심리적 산소란 무엇일까?

첫째는 인간은 누구나 자신이 사랑받고 있다는 것을 느껴야만 한다. 신체적이든 말이든 표정이든 그 누군가가 나를 반짝이는 눈으로 기대하며 사랑하며 바라보는 순간이 필요하다. 감탄하면서 내가 대단히 귀중한 존재인 것을 확인시켜 주는 존재가 필요한 것이다.

둘째는 대단한 존재, 선망의 대상, 나도 따라 하고 싶은 그런 존재가 필요하다. 그럴 때 인간은 미래를 꿈꾸고 자신을 앞으로 전진시키려 힘쓰게 된다. 그의 생각과 태도를 모방하면서 마치 나도 그처럼 대단한 존재가 된 듯이 느끼는 것이다.

셋째는 나와 같은 생각, 행동을 하는 존재가 있음을 느껴야 한다. 우리는 그럴 때 희열을 느낀다. 내가 좋아하는 것을 똑같이 좋아하는 친구를 만났을 때 얼마나 신나는지! 또 내가 하는 고민을 누군가도 심각하게 고민한다는 것을 알았을 때 얼마나 위로가 되는지 모른다. 아이들은 엄마와 함께 요리를 할 때 마치 내가 엄마와 하나가 된 듯한 뿌듯함을 느낀다.

이런 요소가 적절하게 공급될 때 인간은 마음이 건강하게 잘 자란다는 것이다. 공기 중에 산소가 없으면 죽는 것처럼 심리적으로 꼭 필요한 이 산소가 없으면 사람은 생물학적으로 죽지는 않았지만 내면은 죽은 것과 같이 된다. 그런데 문제는 이게 내면이기 때문에 조금씩 진행되는 동안 외적으로 잘 보이지도 않고 알 수도 없다는 것이다.

우리 아이가 공부도 잘하고 학교도 아무 탈 없이 잘 다니니까 아무 문제없는 것처럼 보이지만, 사실은 이 심리적 산소 요소들이 결핍되어 내면이 말라비틀어지고 있는지도 모른다. 우리가 그 문제를 인지했을 때는 이미 문제가 커져서 손을 쓸 수 없는 상태일지도 모른다.

현실적으로 아무리 실력이 있다 해도 정서적, 관계적인 면에서 문제가 있으면 성공하기 힘들다. 그런데 현대는 이런 부분이 결핍되기 쉬운 환경이다. 다시 말해 우리 자녀들은 심리적, 사회적 문제를 안고 있을 가능성이 높다는 것이다. 실제로 그런 문제를 호소하는 사람들이 점점 더 많아지고 있다.

"나는 좋은 부모가 되기 위해 할 수 있는 한 최선을 다했다. 그런데 왜 우리 아이가 이렇게 되었단 말인가?"

"나는 그보다 힘들고 어려운 환경에서도 멀쩡하게 잘살고 있는데, 왜 이만 한 일로 이 지경이 된단 말인가?"

많은 부모들이 자녀 문제를 가져올 때 호소하는 말들이다.

사회가 복잡해질수록 사람과 사람 간에 신체적, 심리적, 정서적으로 접촉할 수 있는 기회가 점점 더 줄어들고 있다. 이 때문에 건강한 삶에 꼭 필요한 심리적 요소들이 결핍될 수밖에 없는 환경이다.

부모 세대는 어렸을 때 가난했지만 가족끼리, 친구끼리 부대끼면서 살았다. 엄마 젖을 오랫동안 먹었고, 엄마 등에 업혀 살았고, 온 가족이 한 방에서 이불 하나로 옹기종기 잠을 잤다. 또 친구들과 늦은 시간까지 좁은 골목길을 뛰어다녔다. 언제 어디서든 친구가 있었고 가족이 있었고 할머니 할아버지가 있었다. 서로 치고받고 싸울지라도 우리는 부대끼면서 살았다. 이런 정서적 만남이 마음을 키우고 섬세하게 만들어 간다.

우리는 미처 인지하지 못했지만 이런 것이 우리 삶에 얼마나 중요한 요소인지 모른다. 우리는 좋은 집이 없었고 돈이 없었다고 하지만, 그로 인해 내게 부족한 부분을 자녀에게 채워 주려 노력했지만, 사실은 그보다 훨씬 중요한 것을 우리 아이들에게 공급하지 못하고 있는 것이다.

그렇다면 마음과 마음이 만나서 느끼고 싸우고 사랑하는 교감이 부족한 이 시대를 어떻게 살아야 할까? 사회의 중추적인 책임을 맡고 있는 사람들뿐 아니라 많은 현대인들은 가족과 얼굴을 맞대고 대화를 나눌 시간도 내기 힘들 만큼 격무에 시달리고 있다. 이렇게 많은 일들에 치여 살다 보면 놓치고 간과한 일들로 인해 크게 낭패를 보기 십상이다. 그런 까닭에 우리는 가족에 대해, 우리가 만나 관계를 맺는 사람들에 대해, 몇 가지 원칙을 세우고 그것을 지키기 위해 노력할 필요가 있다.

첫째, 가족끼리 만나면 최소한의 스킨십을 하도록 노력하자. 그 수준은 가정마다 다를 것이다. 만일 평소에 자주 친밀감을 표현하는 가정이라면 서로 안아 주면 좋다. 그러나 그런 교감이 별로 없던 가정이라면 갑자기 안아 주는 것이 힘들 것이다. 어떤 세미나에서 그런 숙제를 내준 적이 있는데, 어떤 어머니는 너무 어색해서 이미 장성한 아들의 손도 잡지 못했다. 평소 스킨십이 거의 없었던 모양이다. 이 경우 어깨를 주물러 준다든지 머리를 쓰다듬는다든지 하면 좋다. 그러다 보면 차츰 안아 주는 것도 어색하지 않게 될 것이다. 어색해도 머리 한번 만지고 어깨 한번 주물러 주는 스킨십이 백 마디 말보다 훨씬 더 좋은 격려가 될 것이다. 부부 간에는 물론 이런 스킨십을 자주 해야 한다.

둘째, 대화하기 위해 노력하자. 가족 간에 대화가 필요하다는 것은 누구나 잘 안다. 그러나 알지만 여전히 대화의 시간을 갖기는 어렵다. 사춘기 아이들은, 빠르면 12~13세만 되어도 부모와 진지한 대화를 나누고 싶어 하지 않는다.

많은 엄마들이 매일 반복하는 "일어나라", " 빨리 와라", " 밥먹어라", "공부 열심히 해라", " 성적 나왔니?", "컴퓨터 그만해라" 따위는 대화가 아니다. 각자 그날 느낀 기분이나 마음 상태를 서로 나누는 것이 대화다.

아버지들에게 시간을 내어 아이와 시간을 가져 보라고 하면, 필요하고 중요한 얘기만 나누기 바쁘다. 부모 입장에서 중요한 얘기란 아이들 입장에선 지적과 훈계이기 쉽다. 그러니 사춘기 아이들이 부모와 대화를 나누고 싶어 하지 않는 것이다.

자녀와 대화를 나누고 싶다면, 먼저 사소하면서 재밌는 이야기부터 해보자. 예를 들어, 아이들이 관심 있어 하는 연예인 이야기나 게임, 운동 같은 것을 소재로 삼아도 좋고, 회사나 모임에 나가서 있었던 가벼운 에피소드를 들려줘도 좋다. 시중에 돌아다니는 유머도 괜찮다. 그렇게 말을 붙이기 시작하면, 이름만 불러도 방어 태세가 되던 아이들이 차츰 마음을 열게 된다. 그렇게 사소한 대화가 어느 정도 무르익으면, 자연스럽게 깊이 있는 대화로 넘어갈 수 있다.

앞에서도 말했지만, 쓸데없고 사소하고 의미 없어 보이는 일상이 가족관계에서 가장 중요하다. 학교 갔다 오다가 친구들과 한눈팔기, 숙제 안 해서 야단 듣기, 지하철 잘못 타서 빙빙 돌기, 아이들과 몰려다니며 시끄럽게 떠들기, TV 리모컨 차지하려 서로 싸우기, 이런 일상이 중요한 일 못지않게 중요하다.

대화를 통해 무슨 역사적인 사명을 이루려 하지 말라. 가족끼리 그냥 편안하게 놀고 즐기는 것이 먼저다. 편안하게 자기 얘기를 할 수 있을 때 비로소 심리적인 연결점이 생기고 그 연결점을 통해 부모의 가치관과 인생의 노하우가 전달될 수 있다.

셋째, 가족끼리 대화하고 스킨십을 하면서 심리적 산소를 주려고 노력하자. 이것은 단지 자녀와 부모 간뿐 아니라 부부 간에도 꼭 필요하다. 사람들은 인정받고 싶고 사랑받고 싶어서 그야말로 별짓을 다한다. 가정에서 그것이 공급되지 않으면 세상에서 그것을 얻으려고 헤매고 다닌다. 술집에서, PC방에서, 일터에서 인정받고 싶어서 악을 쓰며 살아가는 사람들이 얼마나 많은가? 점잖은 사람은 말없이 갈구하고 그렇지 않는 사람은 온몸으로 갈구할 따름이다. 사람은 누구나 사랑받고 싶고 인정받고 싶어 한다.

하지만 정작 자신은 인정해 주고 사랑해 주지 않는다. 아주 인색하게 군다. 왜 그렇게 남편을 칭찬하지 않느냐고 물어보면 아내들은 인정하고 칭찬하면 손해 보는 것 같다고 말한다. 왠지 교만해질 것 같아서 그럴 수 없다는 사람도 있다. 심지어 아무리 생각해도 칭찬할 게 없다는 사람도 있다.

아이에 대해서도 마찬가지다. 욕심이 너무 많아서 아이가 성에 차지 않는다. 특히 성공한 부모가 자녀에게서 만족할 줄 모른다.

명문대를 나와 성공한 아버지가 나를 찾아와 이렇게 한탄했다.

"만일 내게도 나 같은 아버지가 있었다면 지금보다 몇 배는 더 성공했을 것입니다. 우리 부모님은 가난하고 못 배워서 저에게 해준 게 별로 없거든요."

그래서 나는 그에게 이렇게 말해 주었다.

"당신은 초등학교밖에 안 나온 농부인 아버지가 있어서 성공할 가능성이 높았습니다. 그 아버지는 당신이 중학교에 가는 순간부터 당신을 경외의 눈길로 쳐다보았고 성적이 조금만 올라가도 칭찬하기 바빴기 때문입니다. 하지만 당신의 아들은 뭘 해도 당신보다 잘하기 어렵기 때문에 당신이 찬탄하며 바라보지 않습니다. 당신은 아들에게 높은 벽이고 넘을 수 없는 산입니다. 그래서 아들이 힘듭니다."

뭘 잘해서가 아니라 내 아이이기 때문에 감사하고 칭찬하라. 그러면 아이는 시간이 지날수록 칭찬받을 만한 사람이 될 것이다. 내가 뭘 해도 우리 부모는 나를 사랑한다고 확신할 때 아이들은 비로소 심리적 힘을 가지고 세상을 향해 전진하게 된다. 실패해도 좌절하지 않고 앞으로 나아가게 된다. 이런 아이들에게 세상은 의심스럽고 악하고 나를 잡아먹는 곳이 아니라 만만하고 살 만한 곳이다.

부모와 심리적 접촉점을 가지게 되었을 때 아이는 아버지처럼 되고 싶고 어머니처럼 되고 싶어진다. 아버지의 직업을 갖고 싶고 엄마처럼 좋은 엄마가 되고 싶어진다. 자녀가 부모를 마음의 기둥처럼 여기고 그의 발자취를 그리워하며 그의 철학을 배우려 한다고 생각해 보라. 얼마나 뿌듯하고 보람 있겠는가! 그런 인생이야말로 성공한 인생이지 않겠는가!

오늘부터 아이의 손을 잡고 사소한 경험을 해보자. 성적 따위는 잊어버리고 훈계할 생각은 아예 하지도 말고 쓸데없어 보이는 말 한마디를 건네 보는 것이다.

네가 말하는 대로 내가 돼

나는 앞에서 '자기대상'을 설명했는데, 코헛은 이를 '거울대상'이라고 표현했다. 우리는 어느 누구도 자기 자신을 볼 수 없다. 얼굴에 검댕을 묻혔는지, 머리가 산발이 됐는지 알 수 없다. 거울을 봐야 나 자신의 얼굴을 볼 수 있다. '거울대상'은 나를 비춰 주는 대상이 있어서 나를 보도록 하는 것을 말한다. 나를 비춰 주는 대상이란 바로 사람이다. 그래서 내가 누구인가는 사실 중요하지 않다. 내 안에 있는 거울이 나를 어떻게 비춰 주느냐가 중요하다.

그 거울이 나에게 "너는 멋있어" 하면 나는 멋있는 사람이 된다. 멋이 없더라도 그 거울이 멋있다고 하면 멋있는 것이다. 그런데 그 거울이 "너는 왜 세상에 태어났니? 차라리 태어나지 않았으면 좋았을걸" 하면 나는 세상에 아무짝에도 필요 없는 사람이 되어 버린다. 이 거울이 나에게 말하는 대로 셀프가 형성되는 것이다.

쉰 살의 늦둥이 엄마가 아이에게 "너만 안 태어났으면, 내가 이렇게 고생하지 않았을 텐데…" 하고 말했다고 하자. 사실 엄마는 진심으로 그렇게 생각하는 것도 아니고 아이가 싫어서 그렇게 말한 것도 아니다. 단지 늙은 몸으로 아이를 키우려니 힘이 든다는 하소연이었을 뿐이다. 그런데 아이는 "너는 이 세상에 태어나지 말아야 했어. 네가 태어나서 너무 고통스러워" 하는 소리로 들린다. 이것이 쌓이면 '나는 사람들을 고통스럽게 만드는 존재야'라고 말하는 거울대상이 생기게 된다.

산모가 산후우울증에 걸린 경우도 아이에게 이 같은 거울대상을 만들 수 있다. 엄마가 아기를 싫어하는 것은 아닌데 늘 볼 때마다 얼굴이 찌푸려져 있다. 그러면 아기는 엄마의 찌푸린 얼굴로 자신을 비춰 '나는 슬픔을 주는 존재'라는 정의를 만들게 된다.

이때 아빠는 엄마가 아기에게 건강한 거울대상이 될 수 있도록 엄마를 적극적으로 도와야 한다. 유아기 때 건강한 셀프를 형성하면 셀프가 엄청나게 흔들리는 사춘기를 잘 지나갈 수 있다. 반면에 유아기에 건강하지 못한 셀프를 형성하면 사춘기에 엄청나게 흔들리게 된다.

그런데 사춘기의 이 흔들림은 사실 기회이기도 하다. 유아기에 제대로 형성하지 못한 셀프를 다시 재구성할 수 있기 때문이다. 물론 고통스러운 시간을 지나야 할 것이다.

사춘기 자녀가 힘들게 한다면 지금이 기회라고 생각하기 바란다. 자녀가 난리를 치면 칠수록 애가 아직 힘이 있구나,라고 생각하라. 힘이 없으면 반항도 안 하고 저항도 안 하고 신경질도 안 낸다. 힘이 있는 애들이 가출도 하고 화도 낸다. 그러므로 아이가 대들고 반항할 때 '날 무시해?' 하지 말고 이 아이의 셀프가 새롭게 재구성되고 있구나,라고 생각하면 된다. 그러면 엄마는 아이에게 '공감적 대상'이 되는 것이다.

'공감적 대상'이 된다는 것은, 아이가 문제가 있어서 고치려는 것이 아니라, 아이를 있는 그대로 이해해 주고 기다려 주는 것이다.

어떤 아이가 있다. 그 아이는 키가 작다고 걱정이 태산이다. 어느 날은 '나는 왜 이렇게 작을까? 난 키가 작아서 아무것도 할 수가 없어' 하면서 160센티미터도 안 되는 사람은 쓸모가 없다는 식으로 말한다. 사실 이 아이는 159센티미터다. 생각해 보라. 159센티미터나 160센티미터나 무슨 차이가 있다고 그렇게 세상이 무너지게 고민한단 말인가. 엄마들은 이렇게 말한다.

"굽 높은 신발 신으면 160센티미터는 훌쩍 넘어가. 그게 뭐가 그렇게 중요해? 지금 당장 중요한 건 수능이잖아. 공부나 신경 써야지!"

어른인 우리는 159나 160이나 그게 그거다. 정말 쓸데없는 고민 같다. 아이가 그런 철딱서니 없는 말은 그만하고 "엄마, 내가 159이긴 하지만 그게 무슨 상관이야? 인생에서 키가 뭐 그렇게 중요해?" 하는 말을 해주기 바란다. 그래서 기특한 말을 얻어 내기 위해 엄마는 아이를 설득하기 시작한다. "인생에서 키는 중요한 게 아니란다. 하이힐 신으면 작은 키는 극복할 수 있어. 정말 중요한 건 어떤 사람이 되느냐는 것이지. 훌륭한 사람이 되려면 키에 신경 쓰기보다 공부를 열심히 해야 해."

하지만 엄마가 아무리 알아듣게 설명해도 작은 키 때문에 속상한 아이의 마음은 바뀌지 않는다. '159나 160이나 고작 1센티미터밖에 차이 나지 않잖아. 난 충분히 매력적이야'라는 생각으로 아이의 마음이 바뀌려면 공감대상이 필요하다. 159라는 숫자 때문에 괴로워하는 아이의 마음에 함께 머물러 주는 사람이 필요한 것이다. 사실 아이의 고민은 어이가 없다. 그래서 아이의 마음이 공감되지 않을 수 있다. 그럼에도 엄마가 그 아이의 마음에 머물러 주지 않으면 아이의 마음의 벽은 한 치도 무너지지 않는다.

아이들은 흔히 학교가 이상해, 선생님이 이상해, 뭐 하기 싫어!를 밥 먹듯이 말한다. 그러면 부모는 선생님이 괜찮다는 쪽으로 아이의 마음을 바꾸고 싶어서 안달(?)을 한다. "엄마, 선생님이 이상해!" 하면 "네가 이상해. 너 1학년 때도 선생님이 이상하다고 했잖아" 한다. 엄마는 아이보다 항상 몇 발짝 앞서서 아이를 이끌려고 애를 쓴다. 하지만 안타깝게도 그렇게 해선 아이가 끌려오지 않는다.

아내가 남편에게 "어머님 참 이상해. 어떻게 그 상황에서 그런 말씀을 할 수 있어!" 했을 때 남편이 "어머니가 왜 이상해? 당연한 말씀을 한 거잖아" 하면 어떤가? 남편과 더 이상 말하고 싶지 않다. "그러게. 왜 그러시지? 당신이 참아. 나이 들면서 가끔 판단이 흐려지시나 봐" 하면 '노인이라 그렇지 뭐. 내가 참아야지' 하는 소리가 마음에서 들려오기 시작한다. 그러면 어머니에 대한 연민이 생기면서 어머니로 인해 상했던 마음이 풀어지게 된다. 어떤 남편은 당장에 어머니한테 전화해서 따지고 들 수도 있다. 물론 이런 남편이야말로 내부의 적이다.

사람 마음이 참 이상해서, 누군가 가르치려 들면 반발심이 생겨서 더 반박하고 싶어진다. 하지만 누군가 내 마음을 알아주고 공감해 주면 마음이 한 뼘 자라서 다음 단계로 넘어가게 된다.

자기 마음을 알아주고 공감해 주는 것이 아이가 엄마에게 바라는 것이며, 또 엄마가 아이들에게 해줘야 하는 것이다.

성과를 내야 네가 중요한 게 아니야

아이들이 심리적으로 발달할 때 '나는 누구냐'에 집착하게 된다. 사실 객관적으로 보면 나는 무능하고 보잘것없다. 돈도 없고, 공부도 내 마음대로 되지 않는다. 엄마한테 큰소리를 치지만 엄마가 용돈을 줄이겠다고 하면 간이 요만큼 졸아든다.

사람은 이렇게 자신이 무능하고 무력하다고 느낄 때 하는 짓이 있다. 바로 잘난 체다. 너무 무능하니까 반대로 뭐든지 다 할 수 있는 사람처럼 보이고 싶어 하는 것이다. "나는 그것까지는 못해요. 나는 이것밖에 안 돼요"라고 말할 수 있는 사람이라면 능력이 있는 사람이다. "나는 그게 많이 부족해"라고 말할 수 있는 사람이라면, 그 내면에 좋은 것이 많은 사람이다.

사춘기 아이들이 엄마를 무시하는 것처럼 보이는 것은, 사실 자신의 무능함을 포장하려는 것에 불과하다.

부모는 사춘기 자녀에게 이것 해라, 저것 해라 하고 지시하는 사람이 아니라, '공부 못해도 괜찮아. 키 작아도 괜찮아. 네가 아무래도 괜찮아. 넌 이 세상 그 무엇과도 바꿀 수 없이 소중한 사람이야'라는 메시지를 계속해서 주는 공감대상이어야 한다. 자기 과시가 심해지는 사춘기에 셀프를 재구조화할 수 있도록 도와야 하는 것이다.

그런데 문제는 부모 자신이 열등감에 싸여 있다는 사실이다. 부모 자신의 셀프가 취약하면 아무리 자녀 코칭을 해도 그럴 수가 없다. 그래서 무엇보다 자신의 셀프가 어떤지 아는 것이 중요하다.

혹시 아이가 반에서 1등을 하면 기분이 너무 좋다가 미끄러져서 5등을 하면 기분이 막 우울해지는가? 반에서 30등을 하면 화가 나서 견딜 수 없는가? 왜 그런가? 아이가 1등을 한 것이 엄마 자신 덕분이라고 생각하기 때문에 기분이 너무 좋은 게 아닌가? 반대로 30등을 하면 자신이 30등 아이로 만든 것 같아 견딜 수 없는 게 아닌가? 단지 셀프가 약해서 아이의 성적으로 자기 과시를 하고 싶을 뿐이 아니겠는가?

반에서 30등을 한다고, 혹은 1등을 놓쳤다고 화내고 심지어 매까지 드는 부모가 있다. 그러면서 다 너를 위해서 그러는 거라고 말한다. 사실은 그 누구도 아니고 자기 자신을 위해서 그러는 것인데 말이다. 이 경우 아이는 자신의 존재감을 성적에서 찾게 된다. 성적이 좋으면 괜찮은 사람이고 성적이 나쁘면 형편없는 사람이 되는 것이다.

안 그래도 셀프가 극심하게 흔들리는 사춘기에 부모가 이런 태도로 일관하면 아이는 셀프를 제대로 형성할 수 없다. 그저 마구 흔들릴 뿐이다. 그래서 부모가 먼저 셀프를 재구조화해야 한다.

어떤 사람은 학창 시절은 물론 대학 때도 전교 1등을 놓쳐 본 적이 없어서 자신이 세계적인 인물이 될 줄로 믿었다고 한다. 그런데

40대에 사업이 잘 안 되기 시작하면서 관계도 힘들어지게 되었다. 그러자 자신이 너무 쓰레기 같아 견딜 수 없다고 했다. 왜 그런가? 그는 그동안 취약한 셀프를 성적으로 과시했던 것이다. 나는 그에게 이렇게 말해 주었다.

"당신이 1등을 했다는 것에 포인트를 맞추지 말고 당신이 1등을 하기까지 얼마나 노력을 했는지, 공부하기 싫고 놀고 싶을 때마다 어떻게 극복했는지에 초점을 맞춰 보세요. 1등을 놓치지 않는다는 건 절대 쉬운 일이 아닙니다. 의지가 꺾일 때마다 어떻게 이겨 냈는지에 초점을 맞춰 보십시오."

어디에 초점을 맞추든 그가 대학 때까지 1등을 놓치지 않았다는 사실에는 변함이 없다. 그러나 성과에만 초점을 맞출 경우 그것이 사라졌을 때 무너지게 된다. 성과가 아니라 과정에 초점을 맞추면 위기가 닥쳤을 때 이겨 낼 힘이 있다.

김연아가 피겨스케이팅에서 금메달을 목에 건 것이 중요한 게 아니라 그 금메달을 목에 걸기까지 고된 훈련과 힘든 시간을 이겨 낸 과정이 중요하다. 별로 주목도 받지 못하던 피겨스케이팅에서 김연아가 10년 넘게 국민의 사랑을 받기란 결코 쉬운 일이 아니다. 더구나 김연아는 셀프가 극심하게 흔들리는 사춘기에 그 같은 도전을 해 왔다. 그간 이러저러한 위기가 있었지만 지금까지 국민들에게 아름답게 기억될 수 있는 것은, 그녀가 흔들리지 않는 셀프를 가졌기 때문이라고 생각한다.

물론 김연아가 이룩한 성과가 그녀의 평가에 커다란 영향을 미치는 건 사실이다. 우리는 어느 누구도 성과를 무시할 수 없다. 다만, 성과가 아니라 과정에 초점을 맞춰야 건강한 셀프를 가질 수 있다. 당신이 결혼해서 아이를 낳고 키우며 산 세월도 만만찮을 것이다. 어떤 인생이건 위기가 없는 인생이 없고 어려움이 없는 인생이 없다. 결과가 어떻든 지금까지 살아 낸 자신을 축하해 주고 칭찬해 주기 바란다. 아이가 1등을 하든 꼴등을 하든 그것이 중요한 게 아니라 그 아이와 함께한 세월이 중요한 것이다. 그 세월에 초점을 맞출 수 있다면 변화무쌍한 사춘기 자녀를 대하는 모습도 달라질 수 있다.

"네가 그렇게 느꼈다면 그럴 만한 이유가 있을 거야"라고 말해 주라. 아이의 생각이 옳다는 얘기가 아니다. 다만 이렇게 말해 줌으로써 '너는 소중해. 네 생각은 타당해'라는 메시지를 주려는 것이다.

엄마는 늘 그 자리에서 일관성 있게 반응해 주는 자녀의 거울이어야 한다. 물론 부모는 자녀에게 바른 길을 제시해야 하고 잘못했으면 야단도 쳐야 하고 옳고 그른 것이 무엇인지를 가르쳐야 한다. 하지만 이 모든 일들 중에서 가장 먼저 할 일은 '너는 괜찮은 존재야, 너는 중요한 사람이야, 너의 생각은 중요해'라는 메시지를 주는 것이다.

자뻑은 셀프가 약해서 그래

셀프가 취약한 사람은 외형적인 것으로 자기를 위장하려 한다. 하지만 돈을 많이 벌고 출세를 하고 명예를 얻는 일은 쉽지 않다. 외형적인 것으로도 자기를 위장하지 못하는 사람은 흔히 '자뻑'에 빠지기 쉽다. 혹은 '난 너희들과 수준이 달라' 하는 거만한 태도로 자기 자랑을 대놓고 하기도 한다.

이런 사람들의 공통점은, 같이 있으면 불편하다는 것이다.

누군가를 만나서 즐겁게 시간을 보내고 집으로 돌아오는데, 갑자기 자기가 너무 초라하게 느껴져서 괴롭다면 왜 그럴까?

셀프가 취약한 사람은 '나는 괜찮은 사람이다'는 메시지가 없어서 문제다. 이 '괜찮은 사람'이 되기 위해 굳이 입으로 '나는 괜찮은 사람'이라고 말하고 다닌다. 여기서 그치면 그런대로 봐줄 만한데, 더 나아가 '나는 너희들과 달라' 하는 거만함까지 덧붙인다. 더 나가면 '나는 특별해'가 된다. 한마디로 자뻑에 빠지는 것이다. 이것을 심리학적으로 표현하면 '자기 이상화'라고 한다.

그런데 자기 이상화에는 반드시 다른 누군가에 대한 폄하가 따르게 마련이다. 셀프가 약한 사람은 사람들을 끊임없이 비교하며 줄을 세우는 버릇이 있다. 누구는 나보다 똑똑해, 예뻐, 누구는 나보다 못났어, 능력이 없어… 이런 식으로 비교하는 것이다. 문제는 자기보다 잘나면 열등감이 느껴져서 괴롭고, 자기보다 못나면 자기도 못난 사람이 되는 것 같아 괴롭다는 것이다. 이런 사람은 누구랑 있을 때 편안해질까? 아무도 없을 때 편안하다. 아무하고도 관계를 맺지 않아야 안심할 수 있는 것이다.

이런 사람과 있으면, 그의 이상화로 인해 같이 있게 된 내가 폄하된다. 그와 함께하는 시간 동안 그에게 은연중에 신나게 밟히는 것이다. 그래서 그와 헤어지고 돌아올 때면 불쾌한 기분이 든다. 그러면서 '걔는 참 잘났어. 근데 나는 왜 이렇게 못났지?' 하면서 우울해진다. 그에게 자기가 밟힌 사실을 깨닫지 못하고 이렇게 생각하는 것이다.

아내가 그런 사람이라면 남편이 폄하의 대상이 된다. "내가 네 아빠 같은 사람 만나서 고생하잖아. 더 좋은 사람을 만났어야 했는데…." 이때 자녀가 '엄마는 훌륭한 사람인데 아빠 만나서 고생한다'고 생각하기 시작하면 그때부터 그리고 오랜 시간이 지나는 동안 아빠는 못난이, 왕따가 될 수 있다.

한편, 이렇게 자기 이상화를 시키는 사람은 그나마 액티브한 사람이고, 그렇지 못한 사람은 의기소침해져서 사람들과 관계 자체가 힘들 수 있다. 셀프가 약한 것을 들키지 않으려고 뒤로 물러서거나 숨는 것이다. 이런 사람들은 자신이 괜찮다는 것을 어떤 성과로 증명해 보여야 하기 때문에 제대로 쉴 수가 없다. 성공을 이룬 뒤에도 쉬지 못하기는 마찬가지다. 왜냐하면 어디를 가나 그의 주변에는 언제나 우수한 사람들이 포진해 있기 때문이다.

이런 사람들은 비난받는 것을 못 견뎌 한다. 셀프가 약해서 비난을 견디지 못하는 것이다. 그래서 그들은 비난받을 만한 일에는 아예 나서지 않는다. 질문도 하지 않는다. 언제나 실패할까 봐 두려워서 완벽하게 준비되지 않으면 시도조차 하지 않는다.

그런 점에서 실패할 수 있는 용기가 있는 사람은 힘이 있는 것이다. 지적받을 짓을 하고 엉뚱한 질문을 할 수 있는 것도 셀프가 건강해야 가능한 일이다.

그런데 생각해 보라. 사람은 실패를 통해 많은 것을 깨닫고 배운다. 수업 시간에 질문을 많이 하는 아이는 전혀 질문하지 않는 아이보다 훨씬 많은 것을 배우고 얻는다. 선생님이 혹시 "아까 분명히 말했는데, 그때 딴짓 했니?" 할지라도 그런 면박을 받아들일 만한 셀프가 있으면 개의치 않는다.

사회생활을 하든, 교회에서 어떤 일을 도모하든, 같이 작업을 하는 사람끼리는 긍정적이든 부정적이든 서로간에 피드백이 이뤄져야 한다. 그런데 셀프가 약한 사람은 부정적인 패드백이 들어갔을 때 몹시 격노한다. 틀렸다고 지적당하면 기분이 몹시 상해서 문을 박차고 나간다든지 극단적인 행동을 취한다. 우리는 흔히 그런 사람을 가리켜 '자존심이 세다'고 말하는데, 사실은 자존감이 몹시 약한 사람인 것이다. 셀프가 약한 사춘기 자녀들도 엄마한테 부정적인 말을 들으면 불같이 화를 낸다.

어느 날 밤 11시가 되도록 두 딸이 아직 집에 돌아오지 않아서 걱정이 되어 전화했다. 먼저 작은딸한테 했는데 전화를 받지 않았다. 이번엔 큰딸한테 했더니 바로 전화를 받았다. 그런데 나는 이미 작은딸이 전화를 받지 않아서 화가 난 상태였다. 나는 전화를 받지 않으면 화가 난다.

"어디야?" 내 목소리가 상냥했을 리 없다. 몹시 퉁명스러웠을 것이다. 그러자 큰딸은 "엄마 왜 화내?" 하며 기분이 상해서 따지고 들었다. "엄마 화 안 냈어" 하자 "엄마 목소리가 크거든?" 하며 자기가 늦은 것은 생각 않고 오히려 더 큰소리를 친다. 나도 이러저러해서 화가 났다고 설명하지 않고 끝까지 화 안 냈다고 우기다가 전화를 끊었다.

나도 딸들한테 지적당하면 화부터 난다. 이럴 때 내가 받아들일 여유가 없기 때문이다. 셀프가 약하면 늘 이런 지적이나 비난을 수용할 여유가 없다. 하지만 셀프가 건강한 사람은 이런 비난을 받아들인다. 아이들이 아주 날카롭게 우리를 지적할 때가 있다. 전적으로 수긍할 수밖에 없을 만큼 날카롭다. 그렇게 냉소적일 수가 없다. 가슴이 찌르듯이 아프지만, 셀프가 건강하면 받아들이게 된다.

사춘기 아이들은 정말 입만 열면 비난이 쏟아진다. 대통령도 나빠, 국회의원도 나빠, 가수도 나빠, 선생님도 나빠 다 나쁘단다. 물론 아이들의 말에 일리가 있긴 하지만 때로 셀프가 약한 아이들의 허풍이고 폄하인 경우도 많다. 주변의 어른들을 폄하함으로써 '나는 괜찮다'고 과시하는 마음도 있다.

이때 엄마가 할 일은 "그랬어?" 하고 인정해 주는 것이다. 시시비비를 가리느라 같이 언성을 높일 이유가 없다. 자백이 심한 아이를 따라 덩달아 자백에 빠져서도 안 된다.

어느 날 아이가 반에서 1등을 했더니 엄마가 더 신나서 "이제 전교 1등에 도전하자. 그러면 넌 세계적으로 쓰임 받게 될 거야" 하며 하늘로 승천한다. 그러면 아이가 셀프를 형성하는 데 전혀 도움이 되지 않을뿐더러 더 위험해질 수 있다. 아이가 하늘로 승천하는 자백에 빠질 경우, 엄마는 차분하게 "너는 괜찮은 아이고 너를 축하해" 하되 지나치지 않은 느낌을 주어야 한다.

아이들이 자기 기분에 취해서 변덕을 부릴 때도 엄마는 언제나 그 자리에서 변함없이 버텨 주어야 한다. 자백에 빠질 때도, 좌절해서 실의에 빠졌을 때도 '괜찮아. 그래도 넌 괜찮은 아이야. 아주 소중한 아이야'라는 메시지를 줄 수 있어야 하는 것이다.

적절한 좌절이 필요하다

유아기에는 셀프가 당연히 약할 수밖에 없다. 셀프가 약하면 그 반동으로 자기를 과대화하게 된다. '나는 완전하고 전능해.' 그런데 이것은 누가 생각해도 말이 안 된다. 그래서 아이는 다른 한 축을 이용하는데, 그것이 바로 엄마와 아빠다. '나는 완전해. 그런 나를 돌보는 너도 완전해'가 되는 것이다. 이것을 '이상화 전이'라고 한다.

아기 때는 부모란 뭐든지 다할 수 있는 존재다. 아이는 부모를 이상화 전이해서 전지전능하고 존경할 만한 사람이라고 여기는 것이다. 아이들이 아무리 설명해도 떼를 쓰는 것도 이 때문이다. 아이들은 아직 엄마가 돈이 없거나 다른 사정이 있어서 사줄 수 없음을 이해할 수 없다. 그냥 구르고 떼를 쓰면 전지전능한 엄마가 만족시켜 줄 줄로 믿을 뿐이다.

그러다 말귀를 알아들을 즈음 이 이상화 전이에 좌절을 맛보게 된다. "엄만 돈이 없어서 저걸 사 줄 수 없어" 하거나 "집에도 똑같은 장난감이 있어서 사 줄 수 없어" 하거나 "엄마 말 잘 들으면 크리스마스 선물로 저거 사 줄게" 할 때 아이들은 이상화 전이에 좌절을 맛보게 된다. 아이에게는 이상화하는 것도 필요하고 이렇게 적절하게 좌절되는 것도 필요하다. 적절한 좌절이란, 아이의 요구를 거절하는 이유를 설명해 주는데 폭력적이지 않은 방법으로 좌절시키는 것을 말한다. "절대 안 돼!" 하면서 화를 내고 혼을 내서 좌절시키는 것은 아이에게 상처를 남기기 때문에 적절한 좌절의 경험이 될 수 없다.

엄마에 대한 이상화가 100이었다가 80, 60, 40으로 차츰 낮아지는 좌절의 경험을 통해 아이는 이상화를 점점 현실화로 바꾸어 놓는다. 그러면 현실적으로 가능한 것과 불가능한 것을 분별하는 능력을 갖게 된다.

TV 프로그램 중에 〈우리 아이가 달라졌어요〉를 보면 아이의 눈을 보고 천천히, 자세하게 설명해 주라고 알려 준다. 절대 소리 지르거나 화를 내며 설명하지 말라고 한다. 아이는 못 알아듣는 것 같지만 엄마가 차근차근 설명할 때 다 이해한다. 시간이 걸리더라도 천천히 반복해서 설명해 주어야 한다.

그리고 아이의 요구에 대해 적절한 대안을 제시하는 것이 좋다. 아이의 요구를 무조건 좌절시키려 해선 안 되고, 어떤 범위를 주어서 그 안에서 어느 정도 만족할 수 있도록 대안을 제시하는 것이다.

언젠가 어떤 내담자에게 '지금 원하는 것'을 글로 써 보라 했더니 '카네기 홀에서 노래를 부르는 것'이라고 했다. 그런데 그는 음악을 전공한 적도 없고 지금 음악을 하는 사람도 아니었다. 그는 단지 평범한 50대의 아줌마일 뿐이었다. 이 사람의 희망은 현실 가능한가, 그렇지 않은가?

이 사람의 포부는 전혀 현실적이지 않다. 이렇게 비현실적인 꿈을 얘기하는 사람들은, 어린 시절 적절한 좌절을 통해 현실화에 이르는 경험을 하지 못했기 때문이다. 마치 유아기 때 우리 부모는 전능하다는 이상화에서 그대로 머물러 있는 상태라고 볼 수 있다.

포부가 현실화되려면 실현 가능한 목표를 잡아야 한다. 그 목표는 너무 쉬워도 안 되고 너무 어려워서도 안 된다. 목표는 내가 좀 더 노력하면 이뤄질 수 있는 것이어야 한다. 아이가 어렸을 때 부모로부터 적절한 좌절을 경험하지 못하면 카네기 홀에서 노래하겠다 같은 허황된 꿈을 꾸게 된다. "넌 대체 생각이 있니, 없니? 어떻게 이걸 해달래?" 하고 쏘아붙여서 아이를 좌절시키면, 아이는 현실적인 포부를 설정할 수 있는 능력을 기를 수 없다. 부모가 이상화된 아이에게 공감하면서 적절하게 좌절을 경험하도록 해야 아이는 스스로 이상화에서 현실화로 내려올 수 있다. 이때 현실적인 목표를 설정하는 능력도 기를 수 있다.

집안일 동참시키기

아이들은 아버지가 면도하면 그대로 따라 하고 싶어 한다. 아버지가 되고 싶기 때문이다. 다시 말해 아버지가 하는 행동을 따라 함으로써 나도 아버지 같은 사람이야,라고 느끼는 것이다. 꼬마들이 엄마 화장대에서 립스틱을 바르고 분을 바르는 것도 같은 심리라고 보면 된다. 코헛은 이것을 '쌍둥이 대상'이라고 했다.

엄마들은 사춘기 자녀 중에 공부를 잘하는 아이에겐 집안일을 잘 시키지 않는다. 그러면 엄마와 함께하는 일이 결핍되기 쉽다. 쌍둥이 대상이 결핍될 수 있다는 말이다. 따라서 엄마는 집안일에 아이가 동참하도록 해야 한다. 물론 너무 힘들고 책임이 무거운 일을 맡겨선 곤란하다. 아이가 가볍게 동참할 수 있는 일을 맡기면 아이는 '나는 부모와 같은 사람'이라는 느낌을 갖게 된다.

집안일에 아이를 동참시키는 목적은, 어떤 일의 성취가 아니라 가족의 한 사람으로서 집안일에 동참했다는 느낌을 주기 위함이다. 예를 들어, "어깨 좀 주물러 줘" 같이 어렵지 않은 부탁을 하는 것이다. 그런 다음 충분히 칭찬해 준다. "아빠보다 더 잘하는 것 같네. 정말 시원해." 이렇게 가볍지만 필요한 것을 요구하고 그것에 대해 고마워하면서 너도 이제 엄마 아빠처럼 어른이구나, 하는 느낌을 주는 것이다. 요리할 때도 아이를 동참시키면 좋다. 돈가스를 만들고 김치를 만들 때 아이에게 간단한 것들을 요청하는 것이다. 간단한 양념을 한데 모아 섞게 한다든가, 적당한 모양을 만들게 하는 식으로 함께 요리하는 것이다. 물론 엄마 혼자 하는 것이 더 빨리 끝낼 수 있다. 아이를 동참시킴으로써 집안일이 더 늘 수 있다. 하지만 아이들은 엄마와 같은 일을 하면서 '내가 엄마처럼 능력 있는 사람이야. 난 괜찮은 사람이야' 하는 자기 강화를 하게 된다.

나와 싸우는 시간이 필요해

공감한다는 말은 상대를 인정하고 소중히 여긴다는 말과 같다. 공감해 주는 사람이 없으면 그는 인간답게 살아갈 수가 없다. 이 땅의 엄마들이 매일 밥상을 차리고 용돈을 쥐어 주고 준비물을 챙겨 주며 아이가 아이답게 살도록 얼마나 수고하는가? 그럼에도 그것들보다 더 중요한 것이 공감해 주는 것이다.

사실 엄마들은 불안하다. 선생님 욕을 하는 아이의 말에 장단을 맞추다가 비뚤어지면 어떡하지 하는 노파심이 드는 것이다. 하지만 심리학자 칼 로저스(Carl Rogers)는 "인간은 가르치거나 도와줄 필요가 없다"고 말했다. 왜냐하면 인간은 스스로 잘되고 싶은 욕구가 가득하기 때문이다. 인간은 어떻게 하면 성공적인 인생을 살까, 어떻게 하면 자아를 실현하며 살아갈까를 끊임없이 연구하는 존재이기 때문에 굳이 가르치고 도와주지 않아도 그렇게 가게 되어 있다는 것이다. 그러므로 엄마는 아이가 스스로 가장 좋은 것을 찾아갈 수 있다는 믿음을 가져야 한다.

'과연 우리 애가 공부를 잘하고 싶어 할까? 인생을 잘살고 싶어 할까?' 의심이 드는가? 그렇다. 정말 그렇다. 아이는 누구보다 자기 인생에 대해 고민한다는 사실을 믿어 줘야 한다. 그 방식이 내가 원하는 것이든 아니든, 어쨌거나 아이는 자기 삶에 대해 치열하게 고민하고 싸우고 있다.

아이가 자기와의 싸움에 집중하려면 밖에서 하는 엄마와의 싸움을 끝내야 한다. 엄마와 싸움을 끝내지 못한 아이는 모든 에너지를 엄마를 이기고 설득하는 데 쏟는다. 그러면 인생의 목표를 설정할 때도 엄마와 반대로 하는 데 집중하게 된다. 심지어 엄마가 가장 싫어하는 여자와 결혼할 수도 있다. 물론 이것은 의도된 것이 아니라 무의식의 세계에서 벌어지는 일일 것이다.

외부와의 싸움을 빨리 끝내야 아이가 자기와의 싸움에 집중할 수 있다.

만일 아들이 내가 정말 싫어하는 스타일의 여자와 결혼하겠다고 데려오면 어떻게 할 것인가? 대부분의 엄마들은 어떻게 하면 둘 사이를 갈라놓을까 골몰한다. 하지만 오히려 맛있는 것도 사 주고 환영해 주면 게임이 싱겁게 끝날 수 있다. 아들은 이때 엄마와의 싸움을 끝내고 드디어 여자 친구와의 관계에 몰입하게 되기 때문이다. 그러면 두 사람 사이에 갈등이 시작된다. 엄마가 결사반대 모드로 나가면 두 사람은 엄마와 싸우기 위해 서로 힘을 합치느라 두 사람 간에 있을 수 있는 문제를 간과하게 된다. 가만히 두면 곧 헤어질지도 모르는데 엄마가 끼어들면 두 사람은 세기적 사랑의 주인공이 되어 버리는 것이다.

사랑의 유효 기간은 2년이라고 한다. 2년만 기다리면 두 사람이 결혼에 성공하든지 결별하든지 결론이 날 것이다. 굳이 엄마가 끼어들어 감 놔라 배 놔라 할 필요가 없는 것이다.

사춘기 자녀에게도 마찬가지다. 사춘기 자녀의 내면에서는 하루에도 수없이 많은 전투가 벌어진다. 이것은 아이 인생에서 반드시 경험해야 할 전투다. 이 전투를 치러야 아이는 비로소 어른으로 성장할 것이다. 그런데 바깥에서 엄마와 싸우는 데 골몰하면 자기 싸움을 할 수 없게 된다. 미숙한 아이로 성장할 수밖에 없는 것이다.

그러므로 사춘기 자녀에게 엄마가 해줄 수 있는 최고의 선물은 공감대상이 되어 아이가 자기 자신과 싸우는 데 에너지를 쏟도록 도와주는 것이다.

과연 나의 생각은 옳은 걸까?

인간의 삶을 망치는 생각 속의 벌레

우리는 "누구나 그 정도는 알아. 그건 상식이야"라는 말을 곧잘 한다. "내 생각엔 이게 옳아. 난 그걸 원해"라는 말은 잘하지 않는다. 왜 그런가? 어떤 일을 결정하고 선택하는 데 있어 전적으로 내가 책임지고 싶지 않기 때문이다. 무슨 말인가 하면, 나만 그렇게 선택하고 결정하는 것이 아니라 많은 사람들이 그렇게 한다고 말함으로써 책임을 회피하고 싶은 것이다.

아이들한테 말할 때도 마찬가지다. "난 네가 공부 잘하길 원해"라고 말하기보다 "내가 원하는 게 아니라 네가 공부하는 게 옳기 때문에 공부하라는 거야"라고 말한다. 크리스천 부모라면 여기에 "하나님도 네가 공부 잘하길 원하셔"라고 덧붙인다. 이렇게 되면 공부하지 않는 자녀는 가장 상식적인 것도 하지 않는 사람이 되어 버린다. 여기에는 아이가 공부하는 것은 그것이 옳기 때문이고 하나님도 원하기 때문에 하는 것이지 엄마가 원하기 때문에 하는 것이 아니라는 책임 회피가 깔려 있다. 이렇게 되면 공부하고 안 하고에 대한 책임은 전적으로 자녀 자신에게 있는 것이다.

이렇듯 우리는 나도 모르는 사이 내 생각을 남의 생각인 것처럼, 심지어 하나님의 생각인 것처럼 포장을 한다. 그런데 이렇게 포장할 때 어떤 의도나 계획을 가지고 하는 것이 아니라 자연스럽게 자동으로 그렇게 한다. 이를 '자동적 사고'라고 한다. 우리 안의 신념은 자동적으로 떠오르고 자동적으로 실행된다. 우리 안의 신념 중에는 사람을 힘들게 하는 것이 있는데 이를 '비합리적 신념'이라고 한다.

신념은 한번 마음에 뿌리내리면 자동으로 반복된다. 그렇게 해서 내 삶이 이전보다 좋아진다면 자동적 사고를 좀 해도 좋을 것이다. 하지만 비합리적 사고는 관계를 파괴하고 그렇게 생각하는 그 사람이 성숙해지는 걸 방해할 뿐이다.

인간관계에서 우리가 배워야 하고 회복해야 할 것이 있다면, 공감능력이고 대화 능력이며 자존감을 높이는 것이다. 그리고 이 비합리적 '자동적 사고'에서 벗어나 '어쩔 수 없이 그렇게 한 게 아니라 내가 선택했다'고 책임지려는 마음을 길러야 한다.

"내가 어쩌다 저런 남자를 만나서 이렇게 산단 말인가"라는 말을 아내들이 자주 하는데, 남편과 결혼하기로 결정하고 선택한 것은 다른 누구도 아닌 자기 자신이다. 남편이 죽자고 쫓아다녀서 결혼했다고 말하는가? 아직도 부모님이 밀어붙여서 어쩔 수 없이 결혼했다고 생각하는가? 당시 집안 형편이 너무 안 좋아서 결혼했다고 믿고 있는가?

그런데 이렇게 누군가의 탓으로 돌려서 좋은 사람이 누구인가? 그렇게 말하는 내가 위로를 얻고 인생이 풍요로워지는가? 그 누군가가 복을 받는가? 아무도 어떤 이득을 얻지 못한다. 오히려 이렇게 말함으로써 그 누군가인 상대와는 관계가 더 멀어지고 심지어 파괴될지도 모른다.

'당연히'가 제일 곤란해

부부가 상담을 와서 서로 혈전을 벌이다가 둘 중 하나가 내게 묻는 말이 있다.

"선생님, 이게 당연한 거 아닌가요?"

이렇게 '당연히'라는 말이 나오기 시작하면 그때부터 골치가 아파진다. 더 이상 협상이 불가능하다는 신호이기 때문이다. '누구나', '상식적으로', '적어도'도 마찬가지다.

"선생님, 아내가 남편에게 아침밥을 차려 주는 건 당연한 것 아닌가요?"

그러면 아내는 "저도 아침에 밥을 차려 주려고 노력했어요" 한다. 그러면 남편은 "그게 어떻게 노력해서 할 일이야? 당연한 일을!" 한다. 더 이상 의견이 좁혀질 가망이 없는 것이다.

흔히 엄마들이 "내가 널 키워 준 부모인데 자식인 네가 당연히 내게 공손해야 하는 거 아냐?"라고 말하는데 이것 역시 비합리적인 당위적 사고다. 아이들이 부모의 노고를 알아주고 부모의 말에 귀를 기울이고 순종하는 건 옳은 태도다. 그런데 여기에 '당연히'가 들어가면, 10정도 기분 나쁘고 말 일이 20, 30으로 더 기분이 나빠진다. 예를 들어, 엄마가 "나는 널 위해 모든 걸 바치는데 너는 어째서 엄마 말을 이렇게 안 듣는 거니?" 하면 속이 상한 상태로 끝날 수 있지만, "자식이 부모 말을 듣는 게 당연하지!" 하면 그때부터 기분이 두 배, 세 배 나빠지기 시작한다. 당연히 할 일을 하지 않는다고 생각하면 관계가 훨씬 더 나빠질 수밖에 없는 것이다.

아내가 남편에게 아침밥을 차려 주는 건 권장사항이지 반드시 그래야 하는 건 아니다. 사정에 따라 아침밥을 차려 주지 못할 수 있다. 예를 들어, 아내가 아침에는 도저히 잠을 깨지 못하는 저녁형 인간이라면 어쩔 것인가? 또 아이가 밤중에 두세 번 깨서 아내가 새벽에 잠을 제대로 못 잘 수도 있다. 이런 경우에도 '당연히'를 들이대면 그때부터 부부관계에 갈등이 일어나기 시작하는 것이다.

그러므로 '당연히, 절대로, 반드시, 누구나, 상식적으로'를 버리고 대신에 '아침밥을 차려 주면 좋지', '아이가 부모 말에 순종하면 좋은 거지'로 바꿔어야 한다. 자식이 부모에게 순종하게 하려면 부모가 먼저 아이를 배려하고 존중하며 화나게 해선 안 된다. 사사건건 통제하고 억압하고 믿지 못하고 화를 내면서 자식에게 "당연히 부모에게 순종해야지" 하면 어느 누가 자연스럽게 부모에게 순종하고 싶겠는가.

이처럼 당위적 사고는 우리 삶을 매우 불편하게 만든다. 더구나 다음 단계로 진전하는 것을 방해한다. 만일 어떤 일로 화가 났다면, 혹시 내 안에 이런 당위적 사고가 있는 것은 아닌지 확인해 봐야 한다. '어떻게 그럴 수 있어?' 하거나 '당연한 거 아냐?' 하는 소리가 들린다면 얼른 거기서 빠져나와야 한다. 어떻게 빠져나올까?

"그래 그게 맞아. 그렇게 하는 게 좋겠어", "내가 원하는 게 바로 그거야"로 말을 바꾸는 것이다. 그러면 상황이 달리 보이게 될 것이다.

내 믿음이 좋으니 당연히 우리 아이 믿음도 좋아야 한다고 생각하는가? 그러면 좋겠지만, 아이에게도 하나님을 만나는 해산의 과정이 필요하다. 하나님과 친해지는 시간이 필요하다. 엄마가 원하는 좋은 믿음을 갖기까지 얼마나 시간이 걸릴지 모른다. 그래도 아이에게는 그런 시간이 반드시 필요하다. 방황하는 아이에게 "당연히 믿음이 좋아야 하는 거 아냐?" 하면 다음 단계로 나아가는 것조차 힘들어진다.

많은 아내들이 "남편이 바람을 피워요" 하고 호소한다. 내가 "힘드시겠네요" 하면 아내들은 곧바로 "아니 어떻게 그럴 수가 있어요?" 한다. 그러면서 "그래서 이혼하려고요. 어떻게 살 수 있겠어요? 바람을 피웠는데?"라고 쐐기를 박는다. 내가 "많은 부부들이 그런 실수를 이해하고 회복해서 잘살고 있어요" 하면 기겁을 하고 "어떻게 그럴 수가 있죠? 그래선 안 되는 거 아니에요?" 한다. '당연히, 절대로'라는 사고에 머물러 있는 한 이 문제는 쉽게 풀리기 어렵다.

하지만 부부 중 하나가 바람을 피워서 상대에게 배신감을 안겨 줘선 안 되겠지만, 세상에 많은 부부 사이에서 이런 일이 일어난다. 물론 아프겠지만, 한때 실수한 거라고 받아들이고 용납할 수도 있다. 그래야 다음 단계로 나아갈 수 있다. 설사 이혼을 하더라도 한 단계 나아가서 깊은 상처로 남지 않게 된다. '어떻게 그럴 수 있어? 그건 절대로 안 돼'에 머물러 있으면 서로에게 고통과 좌절만 안겨 줄 뿐이다.

세상에는 일어나선 안 되는 일들이 많다. 그럼에도 그런 일이 얼마나 흔하게 일어나는가? 그때마다 '절대로, 당연히'만 주장한다면 분노에 갇히고 눌리고 말 것이다. 분노하고 좌절만 하지 말고 정말 내가 바라는 것이 무엇인지를 생각해 보기 바란다. 신념이 아니라 바람을 생각해 보라는 것이다. 그것이 당위적 사고에서 탈출하는 방법 중 하나다. 당위적 사고는 문제 해결을 방해하는 걸림돌일 뿐이기 때문이다.

'나는 아내가 아침마다 밥을 차려 주기를 원한다. 그런데 아내가 안 차려 줘서 화가 난다'는 말이 되지만, '아내가 아침밥을 당연히 차려 줘야 하는 데 그러지 않아서 화가 난다'는 말이 안 된다. 그래선 더 이상 대화가 되지 않는다.

엄마들은 "어떻게 학생이 학교에 안 간다고 해? 그게 말이 돼?" 한다. 그런데 그런 일이 많다. 학생이 학교에 가야 한다는 것은 엄마보다 아이가 더 잘 안다. 그런데도 가지 않는 것은 그럴 만한 이유가 있는 것이다. 엄마는 '그럴 만한 이유가 있다'에서부터 출발해야 한다. 그래야 아이와 대화가 이뤄지고 다음 단계로 나아갈 수 있다.

모든 관계에서 가장 나쁜 것은 극도로 화가 나는 것이다. 어떤 사람이든 만나다 보면 화를 낼 수도 있고 다툴 수도 있고 속상할 수도 있다. 하지만 어떤 사람에 대해 극도로 화가 나면 그 관계는 파괴되기 쉽다.

그러므로 누군가에게 몹시 화가 난다면 먼저 관계가 파괴될 수 있다는 위험 신호로 받아들여야 한다. 그리고 내가 혹시 당위적 사고를 하고 있는 게 아닌지 점검해 봐야 한다. 다시 말해 '반드시 이래야 한다'고 상대에게 요구하고 있지 않은지 살펴봐야 하는 것이다.

많은 사람들이 내가 화나는 것이 나 때문인지 상대 때문인지를 궁금해 한다. 이것을 분별하기는 쉽지 않다. 다만 한 가지 분명한 것은, 정신이 혼미할 정도로 화가 났다면, 속된 말로 뚜껑이 열릴 만큼 화가 났다면, 전적으로 나 때문일 가능성이 높다. 이럴 때는 '과연 이것이 내가 분노할 만한 일인가?'라고 스스로 되물어봐야 한다. 내 안에 있는 당위성이 무엇인지, 그 당위성이 어떻게 생겨났는지를 면밀히 살펴보는 데까지 가면 큰 도움이 될 것이다.

가장 미성숙한 사람이 '내가 화나는 것은 전적으로 너 때문이야'라고 생각하는 사람이다. 어떤 경우에도 전적으로 너 때문인 경우는 없음을 알아야 한다.

두려움은 부풀려진다

'나는 사람들로부터 인정받아야 하고 사랑받아야 한다'는 신념은 평소에는 드러나지 않을 수도 있다. 그러나 누군가에게 지적을 받는 순간 불길처럼 일어나기 시작한다. 누군가 "너는 이 점을 고쳐야겠어" 하면 '어떻게 나한테 그런 말을 할 수 있어?' 하면서 도무지 용납이 안 된다. 여기까지는 '나는 인정받아야 한다'는 당위성에 해당한다. 그러나 '과장성'으로 나아가면 '누군가 날 좋아하지 않고 인정하지 않는다니, 이거 정말 큰일이야'가 된다. 그 상황을 용납하지 않을뿐더러 끔찍하게 여기며 절망하는 것이다.

우리 아들은 아침마다 일어나기 힘들어해서 학교에 지각하는 게 다반사였다. 그래서 나는 이러다 직장생활이나 잘할 수 있을까 걱정이 되었다. 어느 날 모임에 나갔는데, 어떤 사람이 자기 조카는 대학에 입학해서는 허구한 날 지각해서 학점이 F 아니면 D라면서 졸업하기도 힘들 것 같다고 했다. 그 말을 듣는 순간 갑자기 두려움이 엄습해서 아들이 너무나 걱정되었다. 다음 날부터 아침마다 "너 그러다 인간 노릇이나 제대로 하겠냐"면서 아들과 싸우기 시작했다. 그런데 우습게도 우리 아들은 대학에 입학해서 거의 지각하지 않았고 직장도 8시까지 출근하며 잘 다니고 있다. 내가 일어나지도 않은 일로 쓸데없이 두려워하고 걱정한 것이다. 이런 것이 바로 과장성이다.

사실 많은 부모들이 이 과장성 때문에 아이들과 더 많이 갈등하고 다툰다. 지금 당장이 아니라 10년 후, 20년 후를 생각하면서 아이를 닦달하고 채근하기 때문이다.

누군가 내 잘못을 지적하면, 잘못 자체가 아니라 내 인생 전체를 지적한 것 같아서 모욕감을 느낀다. 그러다 더 나아가면 흥분이 되고 그러다 인생이 실패한 것처럼 절망스럽고 고통스러워진다. 우습지만 막상 내게 닥치면, 또 그것이 내 아이들과 관련된 일이면, 우리는 쉽게 과장성에 빠지곤 한다. 문제 해결에 전혀 도움이 안 되는 함정에 빠지는 것이다.

'과장성'에 한번 사로잡히면 걷잡을 수 없이 끔찍해진다. 단지 대입 시험에서 점수가 떨어졌을 뿐인데, 인생이 실패한 것처럼 절망에 빠져서 '엄마가 너를 절대로 그렇게 비참한 상태에 내버려 두지 않을 거야' 하고 마치 인류를 구하는 심정으로 고군분투한다. 하지만 비장하기까지 한 엄마의 이 결연함은 아이에게는 전혀 도움이 되지 못한다. 오히려 아이를 더 힘들게 하고 비참하게 만든다.

그러므로 지금 일어난 그 일만큼만 느껴야 한다. 단지 점수가 떨어져서 대학에 가지 못할지도 모를 뿐이다. 그것이 인생을 망친 것은 아니다. 취직을 못하지도 않았고 결혼에 실패하지도 않았으며 건강을 잃은 것도 아니다. 대학에 가지 못할지도 모른다는 그 사실만큼만 느껴야 하는 것이다.

특히 사고력이 뛰어난 사람들이 이 같은 과장성에 빠지기 쉽다. 사고력이 좋은 사람들은 힘든 상황이 닥쳤을 때 깊이 사고함으로써 대처할 힘을 발휘할 수 있는 반면에, 너무 진지하게 생각해서 확대 해석하거나 부정적인 것을 유추해 내서 과도하게 대응책을 세우는 단점이 있다.

그래서 어떤 사건에 대해 지나치게 염려하고 두려워한다 싶으면 스스로에게 "스톱!"이라고 외쳐야 한다. 성경도 너무 깊이 고민하고 지나치게 염려해 봐야 아무 도움도 안 된다고 말하고 있다.

> "너희 중에 누가 염려함으로 그 키를 한 자라도 더할 수 있겠느냐… 그러므로 내일 일을 위하여 염려하지 말라 내일 일은 내일이 염려할 것이요 한 날의 괴로움은 그날로 족하니라"(마 6:27, 34).

과장은 일반화된다

현재 일어난 사실에만 주목하지 못하고 앞으로 일어날 일까지 걱정할 때 재빨리 '스톱'을 외치지 못하면 이제는 '과잉 일반화'로 확장해 나간다. 과잉 일반화는 과장성이 모든 부분에까지 확장되는 것을 말한다.

예를 들어, 과장성은 아이가 이번 학기에 성적이 떨어진 것을 보고 다음 학기에는 이보다 더 떨어질 것이고 그 다음 학기에는 그보다 더 떨어질 것이라면서 이제 이 아이 인생은 큰일이라고 걱정하는 것이다. 과잉 일반화는 큰애에서 작은애까지 그 염려가 확산된다. 큰애가 성적이 떨어졌으니 작은애도 큰애를 따라 성적이 떨어질 것이라고 걱정하는 것이다. 어느 한 가지에 실망한 것을 다른 영역에까지 확장해서 일반화시키는 것이다.

그런데 이 일반화는 긍정적인 일반화도 있다. '하나를 보면 열을 안다고 이것을 잘했으니 나머지도 잘할 것이다'고 믿는 것이 그런 경우다. 문제는 부정적인 일반화다. 부정적인 과잉 일반화는 긍정적인 것보다 훨씬 속도가 빠르게 진행된다.

예를 들어, 성경공부 모임에 나갔는데 어떤 집사님이 내가 말할 때마다 태클을 걸면서 나를 싫어하는 내색을 은근히 내비친다고 하자. 나를 싫어하는 사람이 있다는 것은 유쾌한 일이 아니니 당연히 신경이 쓰인다. 그런데 만일 내가 '나는 반드시 인정받아야 해'라는 당위적 사고를 가진 사람이라면, 과장성으로 흐를 개연성이 짙다.

'나를 싫어하는 사람이 있다니, 이럴 수가! 저 사람한테도 인정받아야 하는데 어쩌지? 큰일 났네.'

누군가 나를 싫어하는 것이 큰일인가? 나는 누군가의 마음에 안 들 수도 있고, 미움을 받을 수도 있다. 그것은 당연한 일이다. 어떻게 모든 사람한테 인정받을 수 있겠는가? 그런데 '인정받아야 한다'는 당위적 사고가 있는 사람에겐 그건 큰일이다. 이렇게 '큰일 났다'에 마음이 쏠리면 그다음 단계로 나아가게 된다.

'나를 못마땅하게 여기는 김 집사와 짝꿍인 박 집사도 나를 싫어하겠지? 최 집사하고도 제법 친하게 지내는 모양이던데 최 집사도

날 싫어할지도 몰라. 어쩌면 성경공부 모임에 온 모든 사람이 날 싫어할지도 몰라.'

'누군가 나를 미워한다, 큰일이다'가 과장성이라면 '다른 사람도 나를 미워하겠지?'는 과잉 일반화다. 그러다 여기서 더 나아가면 '모든 사람은 나를 싫어한다'가 되어 버린다. 그리고 이 같은 과잉 일반화는 급속도로 진행된다.

필터링 장치가 필요해

살다 보면 "너는 왜 이렇게 바보 같니? 너는 네가 똑똑하다고 할지 모르지만 내가 보기에 넌 정말 부족한 인간이야. 넌 왜 그 따위야?" 하는 소리를 들을 수 있다. 이런 얘기를 당신한테 할 수 있다면 그는 당신의 남편이거나 형제이거나 부모일지도 모른다. 그렇게 가까운 사람한테 이런 얘기를 듣는다면, 정말 마음이 아프고 괴로울 것이다.

만일 이런 얘기를 가까운 가족에게 들었다면 어떻게 할 것인가?

밤에 잠이 안 올 만큼 속상하고 화가 나고 슬프고 괴로울 것이다. 누구든지 당연히 그럴 것이다. 그런데 이런 비난을 들었을 때 그대로 가슴에 꽂아 버리면 안 된다.

'내가 정말 바보 같아? 내가 그렇게 쓸모없는 인간이야? 내가 그렇게 허점이 많은 사람이야?'

스스로에게 그가 한 말을 되짚어 물어보자. 그런 다음 그가 한 비난이 정말 나한테 해당되는 것이라면 받고, 그렇지 않다면 버려야 한다. 보통 "이 바보야!" 하는 소리를 들으면 내게 일면 바보 같은 부분이 있는 건 사실이나, 그렇다고 바보 자체는 아니라는 걸 안다. 그렇다면 '바보야'라는 비난은 내게 해당하는 말이 아니다. 버려야 마땅하다. 오히려 나를 바보라고 비난한 상대의 인격에 문제가 있어서 이런 말이 나온 것이라고 봐야 한다. 그러므로 이 비난은 나와 상관없는 말이며, 오히려 상대의 문제인 것이다. 그런데도 많은 사람들은 이런 비난을 가슴으로 받아서 피를 철철 흘린다. 안타까운 일이다. 심지어 어떤 사람은 상대가 한 말이 아닌 것까지 가슴에 꽂고 괴로워한다. 과잉 일반화하고 개인화하기 때문이다.

누군가에게 "넌 왜 이렇게 바보 같니?"라는 비난을 들었다면, '나는 바보는 아니야. 바보라기엔 너무 똑똑해. 하지만 바보 같은 면이 좀 있긴 하지'라고 받아들이면 된다. 그리고 이렇게 말한 원인이 내게 있다기보다 상대에게 있음을 기억해야 한다. 내 탓이 아니라 상대의 말하는 태도, 가치관의 영향이 많다는 것을 생각해야 하는 것이다. 즉 진리가 아닌 말은 일부는 맞고 일부는 그의 것이다. 그러면 누군가로부터 아무리 심한 말을 듣더라도 그 때문에 잠을 못 이룰

정도로 괴롭지는 않다.

세상 사람들은 수없이 많은 말을 쏟아낸다. 그들은 말할 권리가 있다. 그런데 사람들은 모두 자기 관점에 따라 말한다. 언제나 상대를 고려하고 배려해서 말하지는 않는다. 그러므로 이 수많은 말을 개인화하고 과잉 일반화해서 들어선 안 된다. 버릴 건 버리고 받아들일 건 받아들이며, 내 책임인 것은 책임지고 내 책임이 아닌 것은 버려야 한다. 세상 사람들의 입을 통제할 수는 없어도 그들의 말이 내 가슴에 맘대로 침범하지 않도록 나의 마음을 통제할 수는 있다. 다른 사람의 말이나 행동이 내게 들어올 때 적절히 필터링하는 경계선을 두는 연습을 할 필요가 있다. 그렇지 않으면 세상 모든 사람이 미워질 것이고, 상처 입지 않기 위해 사람들과 거리를 두며 살아야 할 것이다.

"망했어" : 파국적 사고

"넌 왜 이렇게 바보 같니?"라는 말을 여과장치 없이 100퍼센트 가슴에 꽂아 버리면, '나는 어쩌다 이것밖에 안 되는 인간이 되었을까, 난 다 틀렸어'라는 파국적 사고로 치닫게 된다. 당위적이고 과장하며 과잉 일반화하는 사람들이 마지막으로 도달하는 것이 바로 이

'파국적 사고'인 것이다. '나는 이제 망했다. 끝났다'고 깊은 절망에 빠지는 것이다.

사춘기 아이들이 가장 힘들어하는 것이 대인관계다. 왕따를 당하든 그렇지 않든, 사소한 말과 행동에도 아이들은 개인화하고 과잉 일반화하면서 고통스러워한다.

학교에서 소외감을 느껴서 학교에 가기 싫다는 아이가 상담하러 온 적이 있다. 고등학교 1학년 남학생인데 상담하러 왔을 때는 이미 너무 심각해서 정신병원에 입원을 해야 할 정도였다. '아이들이 날 싫어한다'는 과잉 일반화가 심해지면 '나는 망했다'는 파국적 사고까지 가게 되는데, 이때 망상적 사고가 개입된다. '아이들이 날 싫어한다'가 망상의 수준까지 가서 대인기피증이 생기는 것이다.

보통 대인기피를 할 정도로 망상적이면 개선되기도 힘들뿐더러 고치기 힘들다. 고질병이 되는 것이다. 그러므로 당신의 자녀가 아무 일 없이 학교에 잘 다니는 것만으로도 감사하게 생각해야 한다.

어떤 아이는 학교를 안 나가겠다고 버텼는데, 이유를 캐 보니, 아버지는 물론이고 할아버지까지 대대로 공부를 매우 잘하는 집안인 것이 원인이었다. 아이는 공부를 못하지는 않았지만 집안의 기대에는 못 미쳤고, 그 때문에 아이가 느끼는 성적에 대한 부담감이 상당했다. 그러다 고등학교에 올라가 첫 시험을 보고 나서 이 부담감이 드디어 폭발하게 되었다. 첫 시험이 기대에 못 미치자 좋은 대학에 가기는 글렀다는 판단을 하게 됐고 그때부터 개인화와 과잉 일반화가 급속도로 진행되기 시작한 것이다.

'할아버지부터 아버지까지 기대가 클 텐데 이것밖에 못 돼서 엄청 실망하실 거야. 애들도 내가 공부 못해서 비웃을 거야.'

이런 생각에 사로잡히다 보니 친구들의 사소한 행동에도 개인화하고 과잉 일반화시키게 되고 나중에는 파국적 사고에까지 이르러 결국 학교를 그만둘 수밖에 없게 된 것이다. 아이들이 모여 이야기하고 있으면 마치 자기의 흉을 보고 키득댄다고 여겼다. 그런데 이 아이는 6개월도 안 되어 회복되어 학교에 다시 돌아갈 수 있었다. 이유는 엄마였다.

아이가 고등학교에 입학해서 치른 첫 시험에서 성적이 떨어지더니 결국 학교에도 못 가게 되었고, 나중에는 정신병원에 입원하라는 말까지 들었으니 엄마로서 얼마나 하늘이 무너지는 것처럼 괴로웠겠는가? 절망적이었을 것이다. 그런데 이 엄마는 '끝났다'고 절망하지 않았다. 예전에 친정에 어려움이 닥쳐서 힘들던 경험이 있던 엄마는 '절대로 악화되지 않을 것이다'에 목표를 두고 정말 최선을 다했다. 언제나 희망을 가지고 아이를 상담실에 데려왔고 더딘 결과에 실망하지 않았다. 엄마가 절망하지 않고 희망을 가지고 최선을 다하니까 아이는 오래지 않아 회복되어 학교에 돌아갈 수 있었다.

요즘에 타고나기를 자폐증은 아닌데 자폐적인 아이들이 상당히 많아졌다. 겉으론 멀쩡한데 자기 내면 속에 갇혀 있는 아이가 많은 것이다. 그런데 아이가 원래 그렇든 후천적으로 자폐적이 됐든, 엄마가 절망하면 아이는 파국으로 치닫게 된다. 그러나 엄마가 끝까지 희망을 놓지 않으면, 아이가 아주 경미하게 좋아진 것에 기뻐하고 즐거워할 수 있다면, 그 아이는 희망이 있다.

이 차이가 엄청난 결과를 가져온다는 사실을 명심하기 바란다. 나는 건강한 사람이란, 이 순간을 감사할 수 있고 이 순간을 느낄 수 있는 사람이라고 생각한다.

한번은 인터넷 게임에 중독된 고등학생이 찾아왔다. 얼마나 심하게 중독되었는지 학교도 가지 않았고 방 안에서 나오지도 않았다. 게임의 고수는 어중이떠중이 다 끼어드는 낮에는 활동하지 않는다고 한다. 진정한 고수는 밤에만 활동을 개시하는 것이다. 밤만 되면 사이버상에서 세계대전이 일어나고 우주전쟁이 벌어진다. 이 아이도 진정한 고수여서 밤에만 게임을 했다. 그래서 부모가 잠이 든 밤에만 밖에 나왔다.

3개월간 상담한 결과, 방 안에만 처박혀 있던 아이는 밖으로 나와 아르바이트도 하고 운동도 하고 지내게 되었다. 물론 밤이면 여전히 게임을 했고, 아르바이트해서 번 돈으로 게임에 필요한 도구도 샀다.

그러고 나서 부모와 면담을 하는데, 나는 그날 너무 놀라서 아무 말도 할 수 없었다. 아이의 부모가 1시간 이상 나와 면담을 했는데, 1시간 내내 아이가 옆에 앉아 있는데도 아이 흉을 본 것이다. 부모가 처음에 나를 찾아왔을 때는 아이가 방구석에서 나오지 않는다고 호소했다. 그런데 이제 방에서 나왔는데도 "방구석에서 나오면 뭐 하냐, 방이 더러운데" 했고 "아르바이트를 하면 뭐 하냐, 저금도 못 하는데"라고 하소연했다.

나는 아이의 면전에서 1시간 내내 거품을 물고 아이의 흉을 보는 부모를 보면서 더 이상 이 상담을 못하겠구나 생각했다. 내가 이렇게 어처구니없는데 아이의 마음은 오죽했을까? 그 아이가 왜 밤에만 방에서 나왔는지 십분 이해가 되었다. 물론 여전히 게임을 하지만 그보다 석 달 만에 방에서 나왔고 낮에는 아르바이트도 하면서 활보하고 다니지 않는가? 왜 이 변화를 느끼지 못하고 감사하지 못하는가?

석 달 만에 정말 놀라운 변화를 보였는데도 엄마 아빠가 그것을 느끼지도 못하고 감사하지도 못할 때, 아이는 절망할 수밖에 없다. 이 부모는 10가지 중에 2가지나 변화되었는데도 이 2가지가 아니라 아직 변하지 않은 8가지밖에 볼 줄 모르는 사람들이었다. 이런 부모를 둔 아이 역시 변화된 2가지를 볼 줄 모르는 아이로 자랄 수밖에 없다. 영적인 맹인이 대를 이어 유전되는 것이다. 이것을 볼 줄 모르면 온통 망하는 생각만 하게 된다. 모든 것이 파국적으로 보이는 것이다.

강박적인 사람들이 특히 이 파국적 사고의 노예가 되기 쉽다. 지인 중에 강박적이어서 늘 걱정이 많은 사람이 있다. '그러다 잘릴지 몰라' 하면서 남들보다 두 배는 열심히 일한다. 걱정이 많은 사람들이 언제나 나쁜 것만은 아니어서 걱정한 만큼 열심히 일하니 인정을 받을 수는 있다.

이 사람은 차를 타고 가다가 상점이 헐리는 것을 보면 남 일로 여기지 않고 너무나 안타까워하며 걱정을 한다.

"망했네. 어쩌냐? 저 가게 내느라 몇 천만 원은 들었을 텐데 어쩌냐! 쯧쯧"

그런데 남들은 잘 보지도 못하는 것을 이 사람은 너무 잘 봐서 차를 타고 가는 내내 걱정이 끊이지 않는다.

"저것 봐. 그니까 저런 거 하면 안 된다니까. 망하잖아."

이 사람은 평생 망할 생각밖에 하지 않으니 절대 뭔가를 시도해선 안 된다고 믿는다. 이 사람을 지배하는 것은 파국적 사고인 것이다. 이 덫에 빠지면 빠져나오기가 쉽지 않다.

전략이 필요하다

우리는 무의식적으로 개인화하고 파국적 사고에 빠지는데 여기서 빠져나오려면 전략이 필요하다. 이를 위해 먼저 내가 개인화하는 때가 언제인지를 적어 보자. 그리고 그랬을 때 거기서 빠져나오게 하기 위해 내게 해줄 말을 적어 보자. 예를 들어, "그건 저 사람의 문제야. 내 문제가 아니야"라고 말하는 것이다. 그런 다음 이 말을 외우고 다니자. 또다시 개인화의 덫에 빠질 상황이 되면 이 말이 자연스럽게 나올 수 있도록 외우는 것이다. 이 말이 개인화를 저지하는 당신의 무기가 될 것이다.

죄책감이 많은 사람이 착한 사람일까? 그렇지 않다. 죄책감이 많으면 더 나쁜 사람이 될 수 있다. 예를 들어, 술을 너무 많이 마셔서 괴로운 사람이 있다고 하자. 그는 술을 마시고 난 다음날이면 '내가 왜 그랬지? 너무 괴로워' 하며 뼈아프게 자책한다. 그런데 '에이 또 마셨네. 그러면 안 되는데' 하면서 넘어가는 사람보다 이렇게 자책하는 사람이 알코올중독에 걸릴 위험이 더 높다고 한다. 자기를 비난하면 할수록 그 구렁텅이에 더 빠지게 되는 것이다.

수치심이나 죄책감은 건강한 자아를 만들지 못한다. '그래, 이건 내가 잘못했어' 하고 자신의 잘못을 인정하고 더 이상 죄책감에 빠지지 않도록 '스톱'을 외쳐야 한다.

"너는 이것밖에 안 되는 사람이야. 하지만 어쩔 수 없어. 그래서 넌 하나님이 필요해. 넌 어리숙하지만 하나님이 있으니까 괜찮아. 주님이 모든 죄 짐을 다 받으시겠다고 했으니 괜찮아. 염려한다고 그 키가 한 자라도 자랄 수 없다고 했잖아. 염려하지 말자."

과장하거나 과잉 일반화해서 고통스러울 때, '스톱'을 외치며 그만두게 하는 자기 언어가 필요하다. 이를 '셀프 토크'(self talk)라고 한다. 우리는 누구나 당위적 사고, 과장성, 과잉 일반화, 개인화, 파국적 사고 같은 비합리적인 사고를 자동으로 반복하며 자신을 괴롭힌다. 이때 미리 전략적으로 외운 '셀프 토크'가 나와서 끊어 줘야 한다. 그렇지 않으면 자동 반복되는 이 사고에서 벗어나지 못한다.

구약성경을 보면 이스라엘 백성들은 하나님의 언약을 문설주에 써 놓고 이마와 손목에 매달아 외우고 다녔다. 사고는 한번 생성되면 떠나지 않고 계속해서 내게 말을 건다. 이렇게 의도적으로 외워서 집어넣지 않으면 끊을 수 없다.

설교 말씀 중에 마음에 와 닿는 말씀이 있다면 글로 써서 자기에게 계속 들려주는 것도 한 방법이다. 이때 추상적으로 쓰지 말고 구체적으로 써서 외우고 다니자. 비합리적인 사고가 불쑥 튀어나와 덫을 놓을 때 이 말씀이 동시에 나와서 걷어 내 줄 것이다. 또 말씀 중심의 삶을 선택하도록 도와줄 것이다. 늘 말씀을 묵상하고 외우는 것은 예수님이 삶으로 보여 주신 모범이기도 하다.

성경 말씀이 우리 안에 있지 않고 스쳐 지나가 버리면 우리 안에서 흘러나오는 상처와 힘든 경험들이 우리를 압도할 때 말씀이 무기가 되어 싸워 줄 수 없다. 우리 안에 있는 죄악은 뿌리가 깊어서 말씀을 외우고 묵상하고 몸에 익히지 않고는 그것들과 싸우지 못한다. 부정적인 경험과 상처는 우리 안에 뿌리내리기 쉽고 힘이 세기 때문이다. 내 인생을 망치는 생각은 말씀으로 이겨야 한다.

인간은 감정을 언어화하면서 성숙하게 된다. 화나거나 짜증났을 때, 또는 원하는 것이 있을 때 이를 말로 표현할 수 있는 사람이 성숙한 사람이다.

part 2

공감의 다음 단추

자녀는 공감 받은 만큼 성장한다

어떻게 이야기를 시작할까?

대화의 기본 – 경청, 이해, 반영, 공감

나는 대학에서 강의도 하지만 상담자를 교육하는 일도 한다. 상담자들은 수련 과정인 슈퍼비전을 받을 때 내담자와 상담한 내용을 기록해야 한다. 보통 15~20쪽 분량으로, 거기에는 내담자의 인상과 가족관계, 상담 목표 등이 기록된다. 그리고 상담자가 설정한 상담의 목표를 이루기 위해 어떻게 접근했으며 어떤 상담을 했는지를 회기마다 기록한다.

그런데 상담자들은 상담 목표를 이루기 위한 접근 방법으로 보통 '지지하고 경청하며 공감적 태도로 내담자가 존중받고 있음을 느끼게 한다'를 제시한다. 다시 말하면, 내담자의 말에 귀 기울이고 그의 얘기에 공감하며 지지해 주어서 내담자가 존중받고 있다는 느낌을 주는 동시에 자신이 존귀한 존재라는 것을 깨닫게 해준다는 의미다.

어떤가? 앞에서 설명한 내용과 같지 않은가? 무엇보다 상담자가 상담을 잘하려면 공감을 잘해야 한다. 공감을 잘해야 내담자가 그 다음 단계로 나아갈 수 있기 때문이다.

나는 상담자들이 기록한 보고서를 보면서 과연 상담자가 내담자를 공감했는가를 살펴본다. 수련 1년 차인 어떤 상담자는 접근 방법은 '공감한다'고 했으면서 실제로는 종종 내담자를 가르치고 있었다. 아버지 말을 들어야 한다, 입장을 이해해라, 너는 이렇게 말했지만 실상은 이런 게 아니다, 이렇게 회기 내내 가르친 것이다.

보고서를 살펴본 바에 따르면, 이 내담자는 늘 지적을 받아 왔기 때문에 자기 존중감이 없는 사람이었다. 이런 내담자는 상담자가 일단 무조건 그가 말을 하도록 들어 줘야 한다. 하지만 상담자는 내담자가 말하는 것을 경청하기보다 부모와 아들 사이를 화해시키려고 애를 쓴 것이 역력했다.

예를 들어, 내담자가 "아들이 빚이 많은데 아버지가 어떻게 그 빚을 안 갚아 줄 수 있어요? 아버지는 돈도 많잖아요" 하자 상담자는 "당신 빚이 얼마인데, 아버지가 그 빚을 갚으려면 얼마가 필요하다"고 아버지 입장에서 내담자에게 말을 하고 있는 것이다. 내가 왜 그랬냐고 하니까 그는 내담자를 빨리 도와주고 싶어서 그랬다고 했다.

하지만 그것은 공감한 게 아니다. 상담자는 내담자의 사정을 도덕적 잣대로 판단하고 시비를 가려 주고 방법을 가르쳐 준 것이다. 아버지가 빚을 갚아 주지 않아서 힘든 내담자의 마음을 느끼고 이해하는 것이 공감이다. 내담자의 말이 옳다는 것은 아니다. 다만 내담자가 느끼는 억울한 심정을 알아주는 것이 중요하다는 것이다. 그런 다음에야 내담자는 비로소 다음 단계로 나갈 수 있기 때문이다.

'듣기'가 안 되는 엄마

이토록 중요한 공감을 하려면 첫째, 경청해야 한다.

나는 부부가 상담을 위해 찾아오면 우선 두 사람의 문제와 관계를 파악하는 데 주력한다. 예를 들어, 남편이 이러저러한 사정을 설명할 때 아내가 "그게 아니지" 하며 끼어들어 설명하기 시작하면 그 집은 대체로 아내에게 주도권이 있는 집이다. 반면에 남편이 무언가를 설명할 때 아내가 한마디도 못한다면 그 집은 남편에게 주도권이 있는 집이다. 이렇게 두 사람이 그간의 사정을 얘기하는 사이 나는 그 집의 분위기를 파악하고 그들이 무엇 때문에 힘들어하는지를 파악한다.

그다음에는 두 사람이 마주 앉게 한 후 어느 한 사람만 얘기하게 하고 나머지 한 사람은 상대의 얘기를 경청하게 한다. 한쪽이 말을 듣기 시작한다.

"내가 오늘 아침 당신을 데리고 나오느라 얼마나 힘들었는지 알아?"

아내가 이렇게 말하면 나머지 한 사람은 듣기만 해야 한다. 이때 경청만 한 남편이 아내의 말을 그대로 돌려준다.

"당신 말은 오늘 아침 나를 데리고 나오느라 힘들었다는 거지?"

그러면 다시 한쪽이 "내가 아침부터 가자고 했는데도 당신이 꾸물거리는 바람에 하마터면 늦을 뻔했잖아. 나 정말 힘들었어" 하고 말하고, 다른 한쪽은 또 똑같이 따라 한다. 이런 것을 '반영'이라고 한다.

그런데 신기한 것은, 이렇게 20~30분 말하는 사이 두 사람의 마음이 만난다는 것이다. 또 한 가지 놀라운 것은, 경청하기로 한 사람이 상대가 하는 말을 종종 제대로 따라 하지 못한다는 사실이다. 이유가 뭘까?

오늘 아침 당신을 데리고 나오느라 힘들었다고 상대가 말할 때, 다른 상대방은 "뭐가 그렇게 힘들어!" 하고 되받아치고 싶다. 그런데 규정상 그렇게 말하면 안 된다. 되받아치지는 못하지만 상대가 말할 때마다 할 말이 생각나서 상대가 한 말을 따라갈 수 없는 것이다. 다시 말해 상대의 말에 경청하지 못하는 것이다. 이런 자신의 모습을 보면서 자신이 상대의 말을 듣지 않는다는 사실을 깨닫게 된다. 중요한 깨달음이다.

아이들과 대화가 안 되는 이유 중 하나도 부모가 아이의 말을 듣지 않기 때문이다. 아이들은 이 사실을 잘 안다.

언젠가 아들이 아무래도 이상하다며 찾아온 모자가 있다. 그때 아들은 내게 "선생님, 우리 엄마는 귀가 막힌 것 같아요. 내 말이 전혀 안 들리나 봐요" 했다. 아이들은 부모와 얘기하면 할수록 '우리 엄마는 내 말이 안 들리는 사람이야'라는 느낌을 받는다. 그런데 안타까운 것은 그것은 느낌이 아니라 사실인 경우가 꽤 많다는 것이다.

엄마는 아이의 상담자가 되어야 한다. 그러려면 아이가 하는 말을 경청해야 한다. 잘 안 된다면, 아이가 말할 때 아이가 한 말을 마음속에서 똑같이 따라 해 보라. 들어야 아이와 공감할 수 있고 대화할 수 있고 아이가 성숙할 수 있다.

진짜 마음이 뭐야?

상대가 한 말을 따라가다 보면, 자신이 남의 말을 듣지 않는다는 사실을 깨닫게 된다. 그 사실을 깨닫고 나면 이후론 들으려고 노력하게 된다. "내가 오늘 아침 당신을 데리고 나오느라 얼마나 힘들었는지 알아?" 했을 때 상대가 "당신이 오늘 아침 나 때문에 힘들었다는 거지?" 하고 반영하면 아내는 저 사람이 내 말을 듣고 있구나 하면서 몹시 감격스러워한다. 그래서 대화할 때 상대의 얘기에 경청하는 것도 중요하지만, 경청하고 있다는 사실을 알려 주는 것도 중요하다.

사춘기 자녀와 공감하고 싶다면, 먼저 잘 들어야 하고 그다음으론 잘 듣고 있다는 사실을 반영으로 알려 줘야 한다. 그러면 대화가 시작된 것이다. 대화란 듣고 가르치는 것이 아니라 '듣고 잘 돌려주는 것'이다.

아이가 "엄마, 우리 선생님 정말 이상해" 했을 때 "그래? 선생님이 이상해?" 하는 것이 반영이다. 이렇게 반영이 되면 아이가 하고 싶은 그다음 말이 자연스럽게 나온다. 반영이 그다음 말을 하도록 하는 것이다. 아이는 "어! 나랑 짝꿍이랑 똑같이 잘못했는데 나만 야단치잖아" 하고 자기의 속마음을 털어놓게 된다.

우리 마음에는 수많은 층이 있어서 깊이 들어갈수록 뜻밖의 사실을 발견하게 된다. 아이가 얘기하는 어떤 사건이나 경험은 이 수많은 마음의 층을 감싼 껍질에 불과하다. 껍질만 보고는 그 속에 무엇이 있는지 알 방법이 없다. 그런데 우리는 사실 이 드러난 껍질을 가지고 아이와 싸운다.

"엄마, 우리 선생님은 정말 이상해" 할 때 "선생님이 뭐가 이상해?

네가 이상하지" 하면 껍질을 벗기고 마음속 깊은 층으로 내려갈 수가 없다. 사실 아이도 자기 마음속 깊은 곳에 무엇이 숨겨져 있는지 알지 못한다. 자신의 진심을 아이가 알면 좋겠지만 아이조차 자기의 진짜 마음을 알지 못하는 것이다.

"선생님이 이상해."
"그래? 왜 이상해?"
"어… 나만 야단치잖아."
"그래? 왜 선생님이 너만 야단칠까? 너 힘들었겠다."
"난 정말 그런 게 제일 싫어. 차별하는 게 제일 싫어."

이쯤에서 아이의 진심이 나왔다. 아이는 선생님이 이상하다는 말을 하고 싶은 게 아니라 차별하는 게 싫다는 말을 하고 싶었던 것이다. 이때 엄마가 아이의 마음에 공감해 주면 더 깊은 곳으로 내려가게 된다.

"실은 엄마, 나는 친구랑 같이 있으면 왠지 내가 못난 것 같아. 걘 너무 잘난 것 같고. 나 왜 그런 거지?"
아이는 지금 자기가 못난 것 같아 속상한 것이다. 이 마음을 싼 껍질은 "선생님이 이상해"이지만, 껍질을 벗기자 '내가 못난 것이 속상

하다'가 나왔다. 아이는 이 말이 하고 싶었던 것이다.

부부간에도 속마음을 둘러싼 껍질을 가지고 싸우면 깊은 대화의 세계로 내려갈 수가 없다.

"당신이 아침에 늦어서 힘들었잖아."

"내가 뭘 잘못했는데?"

"당신이 늦었잖아."

"너는 옛날에 더 느렸잖아."

이렇게 우리는 껍질을 가지고 자주 싸운다.

"당신이 아침에 늦어서 힘들었잖아."

"그러니까 당신은 내가 아침에 늦어서 속상했다는 거지?"

"어. 그렇지만 나 오늘 참았어. 오늘 꼭 상담받고 싶었거든."

"아~ 당신은 오늘 꼭 상담받고 싶었구나."

"나 진짜 당신이랑 잘 살아 보고 싶었어. 정말 당신이랑 잘해 보고 싶었어."

어떤가? 그가 진심으로 하고 싶은 말은 '아침에 힘들었다'가 아니라 '당신이랑 잘해 보고 싶다'인 것이다. 이때 다시 반영해 주면 더 깊은 마음이 나타난다.

"실은 당신이 정말 좋아. 그런데 왜 우리가 이렇게 싸우는지 모르겠어."

이 말은 결혼 후 처음 듣는 말이다. 만나기만 하면 '당신 때문에 이렇다, 저렇다'는 말을 들었던 터라 상대방은 깜짝 놀랄 것이다.

이렇듯 반영하는 말로 공감해 주면, 저 아래 숨겨져 있던 진심이 나오게 된다. 이렇게 20~30분 하게 되면 두 사람은 손을 맞잡고 운다. 이 사람의 진심은 '아침에 당신 때문에 힘들었어'가 아니라 '당신이 좋아'인 것이다. 그런데 자신조차 자기 마음에 이런 것이 있는지 모른다. 그러므로 내 마음의 진실을 알려면 누군가 내 얘기를 공감해 주는 사람이 필요하다. 상담자가 필요한 이유다.

한번은 세 자매가 찾아왔다. 세 사람은 어떤 일로 인해 서로 싸웠는데 벌써 10년이 지났다. 세 자매는 그 앙금을 풀고 싶어서 나를 찾아온 것이다. 나는 그들이 껍질이 아닌 속마음을 이야기하도록 경청하고 공감하는 역할을 했을 뿐이다. 이런 경우 마음속 깊은 곳으로 들어갈 수 있도록 도와주는 사람이 없으면 드러난 껍질을 가지고 서로 비난하고 싸우다 끝이 나고 만다. 왜 그런가? 서로 경청하지도 않았고 반영하는 말로 공감해 주지도 않았기 때문이다.

따라서 공감하는 대화를 하고 싶다면, 첫째 잘 들어야 한다. 둘째, 잘 반영해 줘야 한다. 그러면 그 사람 마음속으로 한 걸음 한 걸음 깊이 들어갈 수 있다. 그런데 불행히도 우리는 10년, 20년을 같이 살면서도 마음과 마음이 만나는 경험을 잘하지 못한다.

사람은 누구나 인정받고 싶고 잘하고 싶고 사랑하고 싶고 아껴 주고 싶다. 그 마음을 엄마인 당신이, 아내인 당신이 발견해서 드러날 수 있게 하길 바란다.

세 자매는 두 시간 동안 자신들의 맘 깊은 곳에 있는 '진짜 마음'을 나누고 서로 만났다. 겉껍질 때문에 서로 찌르고 찔리는 범주를 벗어나 비로소 그 마음 깊은 곳에 있던 사랑하고 걱정했노라는 말을 나누었다. 세 사람이 상담실을 나설 때 내 마음까지 따뜻해지는 느낌이었다.

공감이 변화를 만든다

공감적인 태도는 진정한 변화를 일으킨다. 공감을 한다는 것은 '네 말이 옳다'고 편을 드는 것이 아니다. 말하는 사람의 입장을 충분히 공감하는 것이다. '그럴 수 있겠다, 네 입장에서 화가 났겠다, 슬펐겠구나, 힘들었겠다'고 상대의 마음을 이해하는 것이다.

그런데 쉽지는 않다. 나는 젊었을 때 철저하게 며느리 입장이었다. 그러나 나이가 들고 보니 지금은 시어머니 입장에 서게 된다. 개인이 처한 환경에 따라 입장이 생기기 때문에 철저하게 상대의 입장에 서기란 쉽지 않다. 그래서 상대와 공감하려면 모든 판단을 버려야 하고 내 입장을 버려야 하고 시비를 가리려 해선 안 된다. 말하는 사람의 입장에 그냥 서야 한다.

10여 년 전에 시어머니와 며느리를 상담한 적이 있다. 며느리는 다른 상담자에게 맡기고 나는 시어머니만 상담했는데, 내담자인데도 그 시어머니가 감정적으로 미웠다. 아들을 과잉보호로 키우더니 결혼한 지금까지 그런 태도를 버리지 못해 아들 부부를 힘들게 했다. 시어머니가 하루빨리 태도를 바꾸지 않으면 아들의 인생이 큰일 나겠다 싶었다. 벌써 판단이 들어가고 시비를 가리고 있으니 공감하기가 쉽지 않았다.

그래서 시어머니가 오기 전에 눈을 감고 '내가 저렇게 아들을 키웠다면, 그래서 지금 내가 그 상황이라면' 하면서 그 입장이 되려고 노력했다. 그런데 신기하게도 5분가량 지나면 시어머니의 입장이 이해되어서 '나라면 지금 죽고 싶겠다'는 마음이 공감되었다.

우리는 모두 자기 입장이 있기 때문에 다른 사람의 입장을 공감하기가 쉽지 않다. 하지만 노력하면 할 수 있다. 엄마는 엄마의 입장이 있기 때문에 자녀의 입장에 저절로 서기가 어렵다. 사춘기 시절의 나를 떠올리면서 아이의 입장을 공감하려 노력해야 한다. 노력하면 신기하게도 그 입장에 설 수 있고 자녀의 마음이 공감된다.

나는 25년 전에 어느 교회에 다녔는데 목사님과 친하게 지냈다. 목사님은 설교도 뛰어나셨고 하나님께 전적으로 순종하셨고 더구나 모든 수입을 헌금할 만큼 하나님을 향한 사랑이 크셨다. 그런데 문제는 당신이 한 만큼 성도들도 열심히 하기를 원하셨다는 것이다. 애들 학원 보내는 데 매달리지 마라, 그럴 돈 있으면 하나님께 드려라 했다. 20년이 지난 뒤 이제는 은퇴한 연로한 목사님을 만나 뵈었다. 목사님은 그날 내게 자신이 은퇴하여 목회자가 아니라 평신도 입장이 되어 강단 밑에 앉아 보니 성도들의 마음이 이해된다고 하면서, 애들 학원 보내라, 시각을 넓혀라,라고 조언하셨다. 이처럼 그 입장이 되어 보지 않고는 남의 입장을 이해하기가 쉽지 않다. 공감자의 자리에 서기가 쉽지 않다.

성경은, 예수님이 높고 높은 보좌에서 낮고 천한 세상으로 내려오셨다고 전한다. 이 말이 전적으로 이해되는가? 그럴 수 없다. 엄마의 자리에서 자녀의 자리에 서기도 힘든데, 하나님의 자리에서 인간의 자리에 서는 것을 어떻게 이해할 수 있겠는가? 높고 높은 하나님이 낮고 천한 인간을 공감한 것이다. 얼마나 놀라운 일인가. 그러므로 남편이 이해되지 않고, 자녀가 이해되지 않을 때, 예수님을 떠올려 보라. 예수님만큼 공감하라고 요구하는 게 아니지 않은가. 단지 눈을 감고 그들의 입장이 되어 보라는 것이다.

아내들은 흔히 '술 마시지 마라, 일찍 집에 들어오라'고 남편에게 요구하는데, 사실 직장생활 하다 보면 일찍 들어오기가 쉽지 않다. 술 안 마시기도 쉽지 않다. 그리고 한 집의 가장으로서 경제생활을 책임지는 자리에 있으면 그 부담감이 엄청나다. 아무리 돈 잘 벌고 잘나가는 남편이라도 그 무게는 상당하다. 아내들은 남편이 돈 아껴 쓰라고 잔소리한다고 속상해 하는데, 남편의 입장이 되면 마음이 달라질 것이다. 평신도가 되어 보니 성도들의 마음을 알겠다는 목사님이 목회하실 때부터 성도의 입장을 공감하셨다면 얼마나 좋았겠는가. 아내가 한 집안의 가장이 되어 보지 않고도 남편을 공감할 수 있다면 그 집이 얼마나 화목하고 복되겠는가.

부부관계에 변화가 필요하다면, 자녀와의 관계에서도 변화가 필요하다면, 당신이 먼저 남편과 자녀의 말을 경청하고 잘 반영해 주어 공감하는 대상이 되어라. 반영하는 말은 고작 몇 단어에 지나지 않는다. '그랬구나, 그럴 수 있겠다, 속상했겠구나, 화가 났겠구나….' 하지만 이렇게 별것 아닌 말에 상대는 마음을 연다. 더구나 내가 너의 말을 잘 듣고 있다는 걸 상대가 알면 마음을 여는 데서 그치지 않고 그 마음에 변화가 일어난다. 잘 들어주기만 하면 공감은 저절로 된다. 그리고 공감은 사람을 변화시키는 힘을 발휘한다.

그런데 누가 공감을 잘할까? 공감을 잘 받은 사람이다. 부모로부터 공감을 잘 받은 사람은 다른 사람을 잘 공감해 준다. 마음속 재료가 풍부한 사람은 공감을 잘한다. 반면 공감이 잘 안 되는 사람은 공감받은 자원이 없는 사람이다. 마음속에 기쁨, 슬픔, 외로움, 즐거움 같은 감정적 재료가 없는 사람도 공감을 잘 못한다.

누군가의 말을 들을 때, 잘잘못을 가리고 시시비비를 가리고 있는가? 자꾸 지적하고 싶은가? 상대의 말은 들리지 않고 내가 하고 싶은 말만 생각나는가? 공감하지 못하는 것이다. 이제 누군가의 말을 들을 때 모든 판단을 버리고 그 사람의 말에만 집중하자. 자꾸 지적하고 싶고 내 말이 생각나면 그 사람이 하는 말을 속으로 따라 하면서 그 말에 집중하자. 경청하고 반응하고 공감하는 것은 타인에 대해서뿐 아니라 나 자신에 대해서도 그래야 한다. '미쳤나 봐. 어떻게 그런 자리에서 쓸데없이 그런 말을 하냐구!' 할 때 '그럴 만한 이유가 있었겠지' 하고 반응해 주는 것이다. 질책하고 책망하는 소리가 나오면 부드럽게 수용하면서 그런 행동을 한 이유를 생각하도록 다음 단계로 유도해야 한다. 내가 무엇을 걱정하는지, 왜 우울한지, 왜 화가 나는지, 왜 기운이 없는지, 진짜 이유를 찾도록 해야 한다.

진심으로 공감받는다고 여겨지면 마음 깊은 곳에 숨겨진 진짜 마음이 드러나게 된다. 더 깊이 들어가면 전혀 생각도 못한 마음이 드러난다. 선생님이 이상하다고 한 아이가 마음 깊은 곳으로 내려가 보니 차별이 싫다가 있었고 더 내려가 보니 나는 못났다가 있었음을 발견한 것처럼 겉으로 드러난 감정과 전혀 다른 마음이 끌려 나오는 것이다. 내 무의식에는 '나는 못났다'는 열등감이 있었구나를 알고 나면 그때부터 열등감의 뿌리가 흔들리기 시작한다. 한 번에 뿌리를 뽑아 버릴 수는 없지만 흔들어 놓을 순 있다. 이렇게 반복하다 보면 선생님이 어떤 행동을 해도 차별받는다는 느낌을 받지 않게 된다. '나는 못났다'는 열등감이 작동하지 못하기 때문이다.

이처럼 누군가에게 공감을 받으면 자기 속에 있는 모순된 감정이나 생각을 발견하게 되고, 발견하면 벗어날 길이 생긴다. 그러면 한 단계 나아갈 준비가 된 것이다. 공감받지 못한 아이는 무의식에 갇힌 자기 마음을 볼 수 없다. 진짜 마음을 보지 못하기 때문에 겉으로 드러난 껍질에만 집착하게 된다. 경멸하고 비난하고 비교하는 공격과 방어에 힘을 쏟는 것이다. 이렇게 방어하고 공격하는 데 에너지를 쏟으면 내면으로 가는 통찰을 하지 못하게 된다. 그러므로 아이의 마음이 자랄 수 없는 가장 큰 이유는 공감받지 못해서다. 다시 말해 부모가 아이의 성장을 방해하는 가장 큰 걸림돌이 되는 것이다.

공감하고 하지 않고는 이렇게 커다란 차이를 만든다. 셀프가 극심하게 흔들리는 사춘기 자녀에게 부모가 할 수 있는 가장 큰일은 공감하는 대상이 되어 주는 것이다. 그러면, 아이는 스스로 자기 마음 깊은 곳으로 걸어 들어가 생각지 못한 마음을 발견하게 된다. 그러면 자기를 컨트롤할 힘이 생기고 아이는 한 뼘 한 뼘 자라게 된다.

자녀와의 갈등을 어떻게 다룰 것인가?

관계의 계좌를 관리하라

우리는 흔히 소통만 되면 신뢰가 생긴다고 생각한다. 그러나 소통되었다 해도 신뢰가 생기지 않을 수 있다. 그러므로 사실은 신뢰가 생겨야 소통이 될 수 있다.

우리는 살면서 크고 작은 실패와 성공을 경험하면서 성숙해 왔고, 나름대로 인생을 살아가는 지혜도 갖게 되었다. 예전엔 몰랐던 찬송과 기도하는 시간의 소중함도 하나님을 만난 뒤 알게 되었다. 아이들은 알지 못하는 좌절도 수없이 겪었고 그만큼 인생의 연륜도 생겼다. 그래서 부모들은 살면서 얻게 된 삶의 훈장들을 가지고 아이들을 훈계하고 가르치고 싶어 한다. 내가 넘어지던 곳에서 아이가 넘어지지 않았으면 해서, 내가 길을 잃고 헤매던 길에서 아이가 헤매지 않고 갔으면 해서, 내가 고생한 일을 아이가 겪지 않았으면 해서, 안타까운 심정으로 가르치려 한다.

그러나 아무리 중요하고 소중한 가르침이라도 부모와 자식 간에 신뢰가 없다면 아무 소용이 없다. 신뢰는 인간관계의 전제다. 서로 간에 신뢰가 없고 정서적인 관계가 없다면 아무리 훌륭한 가르침도 쓸모가 없다. 우리는 흔히 서로 얘기를 많이 하다 보면 신뢰가 생기겠지 하지만 그렇지 않다. 많이 얘기하고 오래 얘기해도 신뢰가 생기지 않을 수 있다. 따라서 자녀에게 무언가를 가르치고 싶다면 자녀와 정서적으로 어떤 관계에 있는지부터 면밀히 살펴봐야 한다.

"엄만 맨날 야단만 쳐요!"

존 가트맨 박사는 부부관계와 가정 문제 등을 연구한 심리학자다. 수학을 전공한 까닭인지 그의 연구를 보면 상당히 실제적이라는 인상을 받는다. 그는 수많은 부부들을 촬영하고 그들 중 이혼한 부부와 그렇지 않은 부부 간에 누가 더 긍정적으로 인생을 살아가는지를 통계를 내어 연구했다. 부부관계뿐 아니라 자녀교육에 관한 책도 다수 썼다.

그의 연구 중에 특히 흥미를 끄는 것이 있는데, 조직원의 태도가 긍정적이냐 부정적이냐에 따라 그 조직의 건강성을 살펴본 연구다. 이 조직은 작게는 부부관계도 포함될 것이다. 그는 서로 얘기를 주고받을 때 나누는 대화 내용이나 얼굴 표정을 보고 크게 부정적인 그룹과 긍정적인 그룹으로 나누어 관찰했는데, 특히 부정적인 그룹이 와해 위기에 놓인 것을 알 수 있었다.

부정적인 그룹은 서로 얘기를 나눌 때 부정적인 메시지가 3이면 긍정적인 메시지는 1에 불과했다. 그리고 그들은 서로 신뢰하지 않았으며, 당연히 팀워크도 나빴다.

"선생님, 우리 엄마는 맨날 저한테 야단치고 지적해요. 내 말은 듣지 않고 자기 말만 해요."

아이들이 하소연하는 말이다. 내가 그 엄마를 만나 "당신은 집에서 잔소리를 많이 하고 있군요" 하면 대개 그렇지 않다고 부정하거나 굉장히 억울해한다. 그러나 실제로 며칠 동안 자기가 하는 얘기를 적어 보라 하면 거기에 지시적인 말과 부정적인 말이 태반을 차지하고 있어서 깜짝 놀라게 된다. 당신이 하는 말 중에 긍정적인 말과 부정적인 말의 비율은 몇 대 몇일까? 또는 지시적인 말과 소통하는 말의 비율은 얼마나 될까? 주말 동안 가족에게 자신이 한 말을 꼼꼼하게 적어 보라. 당신도 자신이 생각하는 것과 너무 달라서 깜짝 놀라게 될 것이다.

지시적이고 부정적인 말이 정서적이고 긍정적인 말보다 3배 많으면 그 그룹은 해체된다는 것이 존 가트맨의 연구 결과였다. 따라서 우리 가정이 와해되지 않고 건강하게 잘 살려면 부정적이고 지시적인 말이 압도적이어선 곤란하다. 긍정적이고 정서적인 말과 부정적이고 지시적인 말의 비율이 5대 1이면 건강한 그룹이 된다고 한다. 학자에 따라서는 6대 1, 7대 1이라고 주장하기도 한다.

어떤 엄마는 "저도 칭찬하려고 얼마나 노력하는데요. 한 번 야단치면 반드시 한 번 칭찬하려고 노력해요" 한다. 그러나 위의 셈법에 따르면 아이와 매우 위험한 관계에 있는 엄마라 할 수 있다. 더구나 긍정과 부정이 1대 1이면 실제로 아이의 뇌에 기억되는 부정성은 심하게는 1대 7까지로 기억된다고 한다. 그러니까 아이의 뇌는 한 번 칭찬한 것은 별것 아니고 한 번 야단친 것은 7배로 화낸 것으로 기억하는 것이다. 왜 그런가? 부정적인 말과 행동이 뇌에 더 깊이 각인되기 때문이다. 그래서 아이에게 '엄마는 맨날 야단친다'가 되는 것이다.

그래서 상담을 해 보면, 엄마와 아이 간의 괴리가 크다는 것을 알 수 있다. 엄마는 나름대로 칭찬하고 격려하는 말을 했다고 생각하는데, 아이가 기억하는 엄마는 맨날 지적하고 야단치는 사람인 것이다.

문제는 편도체야

우리는 어떤 사람의 얘기를 귀로 듣는다. 그런데 이 말을 뇌의 어느 부분에서 받아들이느냐에 따라 해석이 달라진다. 우리의 뇌에는 발달 정도에 따라 파충류의 뇌, 포유류의 뇌, 영장류의 뇌가 있다. 그런데 파충류의 뇌에 있는 편도체는 고차원의 뇌가 아니어서 외부 자극들을 이성적으로 구성할 능력이 없다. 그러나 위기에 봉착하면 본능적으로 반응해서 빠르게 벗어나게 하는 역할을 한다. 예를 들어, 불이 나면 고등 뇌의 반사 속도로는 위기를 모면할 수 없다. 이때는 반사적으로 반응하는 파충뇌의 지시에 따라야 한다. 자기도 모르게 몇 킬로미터를 달렸다거나 헤엄쳤다는 사람들이 간혹 있는데 이 파충뇌가 작용한 덕분이다.

예전에 나도 교통사고를 당한 적 있는데, 내가 탄 차가 덤프트럭을 받고 옆으로 쓰러져 몇 바퀴를 돌았다. 아찔한 사고였다. 내 옆에 탔던 사람은 창문으로 튀어나가 골반이 완전히 깨져 버렸다. 만일 창문 밖으로 튀어나가면서 머리부터 떨어졌다면 그대로 죽었을 것이다. 나 역시 정신을 잃었다. 그런데 놀랍게도 나는 누워 있는 차에서 손잡이를 잡고 서 있었다. 하나님의 보호하심이었고 기적이었다. 차가 쓰러질 때 반사적으로 손잡이를 잡은 것이다. 편도체가 한 일이다.

우리가 죽음과 같은 상당한 위험에 처하면 편도체가 활성화된다. 이때 고등뇌는 잠시 멈춘다. 편도체는 우리가 어렸을 때부터 위기라고 생각되는 것들을 차곡차곡 쌓아 놓는다. 이 위기들을 기억해 두어 위기의 순간을 모면하려는 것이다. 그런데 편도체는 감정적인 위기의 순간도 저장해 두어서 그런 순간에 처했을 때 작동한다.

만일 편도체에 감정적인 위기의 순간, 즉 부정적인 기억이 많이 저장되어 있으면 어떻게 될까? 예를 들어 부모가 자주, 혹은 격렬하게 싸웠거나, 엄마가 아빠한테 맞았거나 하는 부정적인 위기의 순간이 많이 저장되어 있다면 어떻게 될까?

인간의 가장 큰 명제는 생존이다. 인간은 본능적으로 생존을 추구한다. 편도체가 우리의 생명을 위협하는 모든 것을 저장해 두는 것은 이 생존 본능 때문이다. 편도체가 활성화되면 논리적이고 합리적이며 분석적으로 해석할 수는 없지만, 왠지 발톱을 세우고 공격하게 된다. 반면에, 이 상대와 싸워 내가 죽을 것 같으면 도망가게 된다. 따라서 편도체가 활성화된 사람과는 결혼을 피해야 한다. 아무 때나 위기를 느끼고 본능적으로 발톱을 세우고 공격하거나 무조건 달아나기만 할지 모르기 때문이다.

만일 남편이 내가 콩으로 메주를 쑨다고 해도 믿지 않는다면, 빤히 손해 볼 줄 알면서도 아내인 나의 말을 듣지 않는다면, 둘 중 하나다. 남편의 뇌가 어렸을 때부터 늘 부정적인 경험을 해서 편도체가 활성화된 사람이거나, 부부관계에서 부정적인 내용이 너무 많아서다.

이 편도체가 활성화된 이상 대화는 불가능하다. 다시 말해 누군가와 대화하려면 이 편도체가 활성화되지 않도록 해야 한다. 편도체가 방해하지만 않으면, 모든 사람은 누군가의 말을 듣게 되어 있다. 뇌에 기록해서 새기게 되어 있다. 그러면 그 말은 우리 활동의 정보체계가 된다.

남편이 교회에 가지 않아서, 아이의 신앙이 너무 연약해서 걱정하는가? 걱정할 게 아니라 남편과 아이와 좋은 관계를 유지하려고 노력하면 된다. 그러면 그들은 가고 싶지 않아도 예배드리러 교회에 가게 되고, 신앙이 자라게 된다. 왜 그런가? 당신이 하는 말들이 뇌에 새겨지기 때문이다. 예를 들어, "오늘 목사님이 이런 말씀을 하셨는데 그동안 그것 때문에 불안했던 마음이 편안해졌어" 하는 말이 뇌에 새겨지는 것이다. 그러다 어느 순간 위기에 처하면 자기도 모르게 기도하게 된다. 어느 순간 하나님의 이름을 간절히 부르짖는 자신을 발견하게 되는 것이다.

뇌는 컴퓨터와 시스템이 비슷하다. 컴퓨터에 자료를 입력하면 언젠가 필요할 때 찾아서 쓸 수 있는 것처럼, 뇌는 말이나 행동, 사건 등을 자료로 차곡차곡 입력해 두었다가 필요할 때 꺼내서 사용한다.

우리는 뇌가 있기 때문에 언제든지 누구와도 소통할 수 있다. 그러나 편도체가 활성화되면 어떤 말도 의미가 별로 없다. 이성적인 작동이 잘 안 되기 때문이다. 엄마는 아이에게 앉아서 얘기하자고 하고, 아이는 싫다고 버틴다면, 이미 두 사람은 대화하기 힘들다. 아이의 뇌는 이미 편도체가 활성화되었기 때문이다. 그런데도 엄마는 '오늘 내가 끝장을 내고 말 거야' 하면서 붙잡고 말을 시키고 그러다 화가 나면 오기가 나서 더 강력한 말로 아이를 자극한다. 보통 5정도로 얘기하던 강도를 7로 올리는 것이다. 그러면 아이는 대화하기 위해서가 아니라 어쩔 수 없이 의자에 앉게 된다.

"너 저번에 그거 하지도 않았으면서 왜 돈을 가져갔니?"

"엄마가 안 주니까 그냥 가져갔지."

"너 또 그러면 혼날 줄 알아!"

"그러면 엄마가 그때그때 돈을 주면 되잖아!"

사춘기 아이들은 어떤 싸움에서건 절대 지면 안 된다고 생각하는지 꼬박꼬박 말대꾸를 한다. 그러면 엄마의 화는 7에서 8로, 다시 10으로 강도를 높여서 아이의 기를 꺾으려 한다. 별것 아닌 것으로 모든 카드를 다 써 버리는 것이다. 그러면 아이의 편도체는 더 활성화되어 엄마가 자기 이름만 불러도 발톱을 뾰족하게 세우게 된다. 역효과만 날 뿐이다. 사춘기 아이들은 안 그래도 전두엽이 공사 중이어서 정상이 아니다. 편도체가 활성화된 상태에서는 어떤 얘기를 해도 귀에 들리지 않는다. 입만 아플 뿐이다.

그러면 어떻게 해야 할까? 일단 그 자리를 피하는 것이 좋다. 그리고 편도체가 활성화되지 않도록 방법을 찾아야 한다. 첫째는, 칭찬과 긍정의 메시지를 전하는 것이다. 칭찬과 격려, 긍정의 메시지로 고등뇌를 활성화시킨 뒤 아이의 잘못을 가르쳐야 한다. 고등뇌가 활성화되면 파충뇌가 잠잠해지기 때문이다. 긍정적이고 따뜻한 말로 접근했는데 아이가 "흥! 엄마는 알지도 못하면서…" 하고 반응할 수 있다. 아이의 이런 반응에 신경 쓸 필요가 없다. 그저 다정하고 따뜻하며 격려하는 말을 아이의 뇌에 새기면 된다. 고등뇌를 활성화시키면 엄마의 말이 아이의 세계를 구축하게 된다.

감정의 계좌에서 돈이 새고 있다

엄마가 따로 잔소리 안 해도 공부를 열심히 하는 아이는 이전에 열심히 공부해서 얻은 대가가 있었을 것이다. 이 책을 읽는 독자들이 책을 읽는 이유도 이전에 독서를 통해 얻은 이득이 있었을 것이다. 뭔가 얻을 만한 것이 있다고 예측하기 때문에 공부를 하고 책을 읽고 운동을 하는 것이다. 반면에, 만일 아이가 엄마가 자신의 이름을 부르는 소리를 들었는데도 대꾸하지 않는다면, 아이는 지금 무엇을 예측하는 것일까? 대답해 봤자 별로 좋은 일이 없을 것이라고 예측하는 것이다.

주부는 수입과 지출을 예측하고 생활비 예산을 세운다. 예를 들어, 매달 20만 원씩 1년을 모아서 냉장고를 산다는 식이다. 사람과 사람 사이에도 감정의 저금통장이 있다. 상대의 행동이나 말을 통해 어떤 행동을 할 것인지를 예측하고 그에 대해 어떻게 대응할 것인지를 결정하는 것이다. 다시 말해 우리는 상대와 대화를 나누는 중에도 상대의 행동을 예측하고 그에 반응하는 나의 행동을 결정한다. 우리 뇌는 무의식적으로 이 정서적인 반응들을 정확하게 예측하는 것이다.

인간의 뇌가 얼마나 똑똑한지, 지금까지 어떤 정교한 컴퓨터 프로그램도 인간의 뇌를 따라잡지 못했다. 우리가 사용하지 않아서 그렇지 우리 뇌는 정말이지 똑똑하다.

자녀와 나 사이의 감정의 저금통장에는 잔고가 얼마나 있을까? 플러스 상태일까, 마이너스 상태일까? 아이와 나눈 대화나 행동을 점수로 매긴다면 통장의 잔고가 얼마인지가 나올 것이다. 예를 들어, 아이가 학교에서 돌아왔을 때, "빨리 왔네? 어서 들어와" 하면 플러스 1이 될 것이고, 반면에 "몇 시에 끝났는데 이제 와?" 하면 마이너스 1이 될 것이다. "어서 와. 배고프지? 엄마가 떡볶이 해줄까?" 하면 플러스 10은 될 것이다. 어떤가? 당신이 아이에게 한 말과 행동을 점수로 매긴다면 당신과 아이의 관계는 몇 점이나 될 것 같은가?

컴퓨터는 요즘 아이들에겐 물과 같은 존재다. 물론 아이들은 이 물을 떠나선 살 수 없는 물고기다. 아이들은 컴퓨터의 가상 세계에서 빠져나오기가 쉽지 않다. 현실의 세계보다 컴퓨터의 가상 세계가 더 진짜 같다. 현실이 아니라 가상에서 살아간다니, 정말이지 엄마로서 너무나 걱정스럽다.

"또 컴퓨터 하니? 도대체 언제 공부할래?"

어떤가? 이렇게 말하면 아이가 당장에 가상의 세계에서 현실로 돌아올 것 같은가? 이런 말은 오히려 아이와의 감정적 저금통장에서 돈이 새어 나가는 소리다. 이렇게 말하면 말할수록 천 원, 2천 원 흥청망청 돈을 쓰게 되어 저금통장의 잔고는 마이너스를 향하게 된다.

"네가 그렇지 뭐", "동생한테 자꾸 그 따위로 할래?"도 마찬가지다. 아무 생각 없이 흥청망청 돈을 쓰는 말이다. 돈이 줄줄 새는 소리다.

엄마는 아이에게 말할 때 작전을 짜야 한다. 한마디를 하더라도 플러스가 되는 말을 해서 통장의 잔고가 플러스를 향하게 해야 한다. 냉장고 하나를 사기 위해 매달 20만 원씩 1년을 모으듯이, 차곡차곡 모았다가 한 번에 말해야지 내가 원하는 것을 얻을 수 있다. 그때그때 먹고 싶으면 사 먹고 입고 싶으면 사 입어서는 냉장고를 살 수 없듯이, 그때그때 생각나는 대로 말했다가는 내가 원하는 어떤 것도 얻을 수 없다.

Counter

그러므로 평소 지적하고 싶고 야단치고 싶은 말을 아끼고 긍정적이고 격려하는 말을 많이 해서 저금통장의 잔고를 늘린 다음, 한 번에 천만 원, 500만 원 쓰는 전략을 짜야 하는 것이다.

저금통장에 1억 원이 예금되어 있으면, 천만 원을 꺼내 써도 큰일이 아니다. 그러나 이미 마이너스 천만 원인 통장에서 10만 원 꺼내 쓰면 큰일이 난다. 천만 원보다 훨씬 강도가 낮은 10만 원에 아이가 가출하는 이유가 이 때문이다.

그런데도 부모는 "아무 일도 없었는데 애가 갑자기 가출했다"든가 "친구를 잘못 사귀어서 그렇다"고 말한다. 뭘 몰라도 한참 모르는 소리다. 물론 친구 때문에 가출할 수 있다. 하지만 아이의 정서가 마이너스 상태가 아니라면 친구가 유혹한다고 쉽게 넘어가지 않는다. 다시 말해 친구가 문제가 아니라 아이의 정서 상태가 마이너스라는 사실이 문제인 것이다.

그래서 부모는 감정의 저금통장을 지혜롭게 잘 관리해야 한다.

감정 계좌가 플러스가 되려면?

그렇다면 감정의 저금통장을 어떻게 관리해야 할까?

앞집 아이는 "엄마가 오늘 어디 다녀올 테니까 밥도 하고 청소도 해줘" 하면 "응 알았어" 하는데 우리 집 애는 자기가 신은 양말 좀 갖다 놓으라는데도 어째서 짜증을 내느냐고 한탄하는 엄마가 있다. 똑같이 키웠는데 어째서 이렇게 다를 수 있느냐고 분통을 터뜨리기도 한다. 그런데 과연 이 아이들이 같을까? 그렇지 않다. 앞집 엄마는 그동안 저금해 둔 게 많아서 아무리 무리한 부탁을 해도 아이가 순순히 따르는 것이다. 이것은 남편과의 관계도 마찬가지다.

평소 버릇처럼 하는 지적과 지시, 비난과 같은 감정의 소비를 조심해야 한다. 아무 때나 아무 소득 없이 줄줄 새는 누수가 아니라 절제와 인내로 저축을 해야 하는 것이다.

어떻게 저축할까?

가장 권하고 싶은 것은 스킨십을 하는 것이다. 어렸을 때는 자주 껴안고 뽀뽀도 하고 스킨십이 잦았을 텐데 사춘기가 되면서 감정적으로나 육체적으로나 거리감이 생기기 시작한다. 그럴수록 아이와 스킨십을 하려고 노력하기 바란다. 너무 오랫동안 스킨십을 하지 않아서 어색하다면, 처음엔 쓰다듬거나 토닥거리는 것부터 하자. 그러다 손도 잡고 어깨동무도 하고 팔짱도 끼고 마침내 포옹도 하게 되는 것이다.

특히 남자아이들은 "하지 마!" 하며 격하게 반발할지도 모른다. 그렇더라도 개의치 말고 자꾸 시도하자. 아이들로서는 엄마가 안 하던 행동을 하니까 당연히 어색하고 싫을 수 있다. 그래도 엄마가 자꾸 시도하면 누수가 아니라 저축으로 돌아서게 된다.

그런 다음 권하고 싶은 것은, 지적하고 비난하는 말을 줄이는 것이다. 보통 아침에 엄마가 아이를 깨울 때 통장의 잔고를 다 써 버리는 경우가 많다. 특히 타고나게 느린 아이들은 깨우면 바로 일어나지 못한다. 그러면 아침마다 전쟁이 일어난다.

나는 아침마다 아이와 전쟁을 치르느니 차라리 지각을 시키라고 말하고 싶다. 아침마다 아이를 깨우느라 엄마는 화가 나고 아이는 그런 엄마 때문에 마음이 상해서 학교에 가느니, 차라리 기분 좋은 얼굴로 지각하는 게 낫지 않겠는가. 아침마다 그렇게 싸우고 나면 자아가 부정적이게 된다.

아침마다 아이를 울려서 학교에 보내는 엄마에게 나는 아이와 그와 관련해 약속을 하라고 조언했다. 내 조언을 들은 엄마는 아이에게 "아침에 엄마가 깨워 줬으면 좋겠니, 안 깨워 줬으면 좋겠니?" 하고 물었고, 아이는 그래도 깨워 달라고 요구했단다. 그리고 "몇 번 불러 주면 좋겠어?" 했더니 세 번만 불러 달라고 했단다. 그래서 "앞으로 널 세 번만 깨울게, 만일 그때까지도 못 일어나면 더 이상 깨우지 않을게" 하고 약속을 했단다. 이후 그 집은 아침마다 싸우던 전쟁이 사라졌다. 아이가 이전보다 지각을 많이 했을까? 아니다. 예전과 달라진 게 없다고 했다.

무슨 얘기인가? 엄마가 아이를 깨우느라 점점 더 강도를 높여 가며 화를 내도, 화내지 않고 흔들어 깨워도, 아이는 똑같은 시간에 일어나 학교에 갔다는 얘기다. 물론 아침밥을 먹지 못하고 학교에 갈 때가 이따금씩 있다고 했다. 하지만 엄마한테 혼나서 속상한 마음으로 밥을 먹는 게 무슨 의미가 있을까? 아이에게 밥을 먹이고 학교에 보냈다는 사실에 엄마가 위안 삼을 뿐이지 않은가? 엄마 생각엔 7시 반에 일어나서 밥 먹고 준비해서 학교에 가면 딱 좋겠다. 하지만 아이는 일찍 일어나 밥 먹는 것보다 밥은 굶더라도 30분 더 자고 싶다. 아침마다 이 30분 때문에 엄마와 아이가 실랑이를 벌이는 것인데, 내 생각엔 아이가 밥을 먹는 것보다 비난받지 않는 게 더 중요한 것 같다. 아침에 좀 부실하게 먹더라도 정신이 건강한 것이 중요하다고 생각한다.

그러므로 엄마는 아이의 요구에 따라 알람 역할만 충실하게 해주면 된다. 알람은 맞춰 놓은 시간에 일정한 간격을 두고 울려 준다. 아이가 일어나든 일어나지 않든 자기에게 요구한 만큼만 울려 준다. 엄마와 다른 점이 무엇인가? "야! 너 왜 안 일어나!" 같은 잔소리를 하지 않는 것이다. "내가 못살아. 너 죽을래!" 하며 화내지 않는 것이다. 이제부터 감정 없는 알람 역할만 해주자. 아침을 먹지 못하면 그런대로 내버려 두자. 지각을 하고 안 하고는 아이가 결정할 일이지 엄마가 선택해 줄 일이 아니다. "아침을 안 먹었더니 좀 힘들던데…" 하면서 아침을 먹겠다고 말하는 것도 아이가 스스로 해야 하고, "지각해서 선생님한테 혼났어. 내일부터 절대 지각하지 않을 거야" 하는 것도 아이 스스로 결정해야 한다. 엄마가 아침밥은 꼭 먹어야지, 지각은 절대 하면 안 되지, 하고 결심하고 결단해 봐야 아침마다 전쟁만 치를 뿐이다.

그러면 이렇게 해야 하는 이유가 무엇일까?

감정적 저금통장을 잘 관리하기 위해서다. 마이너스가 아니라 플러스로 잘 저축해서 나중에 정말 중요한 가르침을 줘야 할 때 빼내어 써도 아이가 튕겨나가지 않도록 하기 위해서다.

훈계가 필요할 때는 적당한 때에 시간을 내어 아이와 진지하게 얘기해서 충분히 설득할 수 있어야 한다. 엄마가 거실로, 부엌으로, 화장실로 돌아다니면서 얘기해 봐야 아이는 듣지 않는다. 생각나는 대로 아무 때나 말해 봐야 아이는 잔소리로 들려서 짜증만 낼 뿐이다.

남편에게도 마찬가지다. 평소 저금을 잘해 두었다가 필요할 때 요청해야 한다. 어떤 사람은 "그걸 말로 해야 알아요?" 하며 남편이 알아서 아내가 원하는 것을 해주길 바라는데, 남편은 말하지 않으면 절대 모른다.

올해 결혼기념일엔 실수했으니 내년엔 실수하지 않고 멋진 이벤트를 열어서 나를 감동시킬 거야, 하는가? 그러면 정말 다행이지만 과연 그럴까? 아마 내년에도 남편은 그날을 잊어버리고 지나갈 것이다.

그러므로 만일 결혼기념일에 남편이 어떤 이벤트를 해주기 원한다면, 두 달 전부터 남편에게 공지하라. "두 달 뒤가 우리 결혼기념일이야. 난 그날 당신이 어떻게 해줬으면 좋겠어"라고 분명하게 얘기해 주는 것이다. 사실 기념일 같은 날을 잘 챙기지 못하는 사람은 아내가 두 달 동안 내내 가르쳐 줘도 잊어버릴 수 있다. 그런 사람에게 알아서 챙겨 주길 바라는 건 절대 불가능에 도전하라고 요구하는 것과 같다.

남편이 두 달 동안 공지해서 기념일을 챙겼다면, 충분히 기뻐하고 칭찬해 주라. 그러면 남편에게 원하는 바를 얻은 나도 만족스럽고 남편도 칭찬을 들으니 만족스럽다.

모순된 두 가지 마음

아이들은 엄마로부터 독립하지 못할까 봐 두렵고, 한편으로 엄마한테 사랑받지 못할까 봐 두렵다. 한편으론 엄마로부터 독립하고 싶고, 또 한편으론 엄마한테 사랑받고 싶은 것이다. 다시 말해 절대로 엄마한테 잡아먹히지 않을 테야, 하는 마음이 있는가 하면, 엄마가 도움을 요청하면 열 일 제쳐 놓고 돕고 싶은 마음이 있는 것이다. 참으로 모순된 감정이다.

엄마는 아이의 이 모순된 감정을 적절히 이용해야 한다. 아이와 진지하게 대화를 나누며 부드럽게 협상을 요청하면 엄마에게 사랑받고 싶은 아이는 엄마의 요청을 받아들인다. 그런데 엄마가 일방적으로 몰아붙이거나 부정적인 말로 자극하면 엄마한테 압도당할까 두려운 아이는 발톱을 드러내며 으르렁거린다.

그래서 엄마는 적절하게 저금하고 인출할 수 있어야 한다. 그럴 수 있다면 당연히 인내하고 절제하게 된다.

쓰다듬어 주고, 뭐 먹을래 하고 물어봐 주고, 산책을 같이하면서 대화를 나누는 모든 것이 통장의 잔고를 올려놓는 방법이다.

그런데 엄마가 머리를 쓰다듬어 주고 긍정적이고 격려하는 말로 다가갈 때, 아이가 '엄마가 나를 많이 사랑하는구나. 노력하시는구나'라고 생각해 주면 얼마나 좋겠는가. 하지만 아이들은 툴툴거리고 반항하고 뿌리치기 일쑤다. 하지만 그럴 때라도 아이가 정말 싫어서 그런 게 아니기 쉽다. 물론 뿌리 깊은 감정적인 문제가 있다면 생각해 볼 필요가 있다. 그러나 대부분의 아이들은 오히려 더 칭찬하고 격려하며 더 자주 스킨십을 해야 한다. 어느 순간, 드세던 아이가 부드러워지고, 유순해지고, 무리한 부탁을 해도 오케이하는 모습을 보게 될 것이다.

물론 그렇게 되기까지 걸리는 시간은 사람마다 다르다. 마이너스가 많은 상태라면 오래 걸릴 것이고 그렇지 않다면 금세 회복될 것이다.

회복되는 것을 어떻게 알까? 머리를 쓰다듬을 때 격하게 거부하던 것이 누그러질 것이다. 당신이 부르지 않아도 당신 옆에 와서 앉고 먼저 당신에게 말을 걸 것이다. 그러면 이때부터 아이와 감정적 저축 상태가 마이너스에서 플러스로 돌아서고 있는 것이다.

우리가 엄마이기 때문에 저축을 많이 하고 싶고, 더 깊은 얘기를 공유하고 싶고, 필요할 때는 훈계도 하고 싶다. 마찬가지로 우리가 엄마이기 때문에 처음엔 쉽지 않겠지만 계속해서 시도할 것이고 마침내 회복하게 될 것이다. 자신감을 가지고 도전하기 바란다.

아이의 능력을 키우려면?

공감과 과잉보호, 경계선 설정

우리는 지금까지 아이의 정서 발달을 위한 여러 고민들을 나누어 보았다. 그런데 우리는 아이가 정서적으로 발달하고 자존감이 높아지는 것으로 만족하지 못한다.

정서가 안정되고 자존감이 높아짐으로써 능력 있는 아이가 되었으면 하는 것이 우리의 궁극적인 바람이다. 이제 능력 있는 아이로 키우기 위한 고민들을 해 보자.

'넌 나 없이는 안 돼'

많은 학자들이 정신분열이 일어나는 요인에 대해 연구하고 있다. 그것은 단순히 정신분열을 연구하는 데 그치지 않고 정서적이고 정신적으로 건강한 삶을 위한 연구이기도 하다. 과잉보호와 공감과 정신병리를 연구한 결과를 보면, 건강한 사람들은 공감을 많이 받고 과잉보호는 적게 받았는 데 반해, 심각한 정신분열을 겪는 사람들은 대개 과잉보호를 많이 받은 반면에 공감은 별로 받지 못했다. 또 과잉보호를 하는 부모들은 대개 공감력이 떨어진다. 과잉보호는 부모의 불안이나 욕구를 반영한다. 아이들은 스스로 시도하고 완성하고 싶어 하는 욕구가 있다. 부모는 아이가 시도한 것이 성공할 수 있도록 도와주는 역할만 하면 된다.

과연 과잉보호란 뭘까? 부모가 필요 이상으로 아이에게 뭔가를 해주는 것이라 할 수 있다. 그럼 여기서 필요 이상이란 무엇인가? 아이가 해야 할 일을 부모가 해주는 것이다. 아이가 결정하고 선택해야 할 일을 부모가 대신 결정하고 선택해 주는 것이다.

그럼 공감은 무엇일까? 아이의 감정과 마음을 알아주고 나눠 주는 것이다. 그런데 과잉보호는 가시적인 데 반해 공감은 눈에 보이지 않는다. 예를 들어, 학교에서 동대문 시장을 견학하고 오라는 숙제를 내주었다고 하자. 아이는 동대문 시장까지 가는 방법도 모르고 무엇을 견학해야 할지도 모른다. 그래서 엄마에게 어떻게 해야 할지 도움을 요청한다.

이때 어떤 엄마는 "그래? 넌 한 번도 가 본 적도 없고 동대문 시장에 대해 아는 것도 없는데 걱정이겠구나. 어떡하면 좋을까?" 했다면, 어떤 엄마는 "그래? 걱정 마. 엄마가 동대문 시장까지 데려다 줄게. 그리고 무엇을 견학해야 할지도 엄마가 가서 알려 줄게" 했다. 이 경우, 아이들이 환호하는 엄마는 누굴까? 당연히 후자의 엄마일 것이다. 아이의 부담을 완전히 해결해 주었으니 아이로선 엄마가 얼마나 고맙겠는가?

그럼 둘 중 누가 더 건강한 아이로 자라게 될까? 그 이유가 무엇인가? 전자의 아이가 더 건강하게 자랄 것이다. 왜냐하면 전자는 아이의 당혹스러움을 공감하는 엄마이고, 후자는 해결해 주는 과잉보호 엄마이기 때문이다. 스스로 고민하고 알아보고 찾아보고 그러다 길을 잃어 보기도 하는 모든 경험을 엄마가 대신해 주면 아이는 마음이 자랄 기회를 잃어버린다.

엄마가 이렇게 아이를 대신해 무엇이든 해주려는 이유가 뭘까? 적어도 그 순간만큼은 엄마로서 존재감을 가질 수 있기 때문일 수도 있고 자기 불안 때문일 수도 있다. 동대문 시장까지 헤매지 않고 척척 찾아가고 가서도 무엇을 탐구해야 할지도 척척 알아서 제시해 주는 엄마를 바라보는 아이의 눈은 경이로움에 가득 차 있다. 그냥 "정말 걱정이겠구나"라고 공감만 해준 엄마에 비하면 얼마나 고맙고 멋진가! 하지만 이렇게 과잉보호하는 엄마는 '너는 나 없으면 안 돼. 너는 내 거야'라는 메시지를 아이에게 주고 있다는 사실을 까마득하게 모르고 있다. 가시적인 성과에 취해서 아이에게 정말 중요한 마음의 성장을 방해하고 있다는 사실을 엄마도 아이도 모르고 있는 것이다.

나는 첫애에게 초등학교 입학 때까지 한글을 가르치지 않았다. 그렇다 보니 받아쓰기 시험을 보면 50점, 60점을 받아 왔다. 그러자 남편이 기겁을 해서 이런 점수를 어떻게 받을 수 있느냐며 직접 나서서 받아쓰기 공부를 시키는가 하면, 공부를 시키지 않는 나를 원망하기도 했다. 하지만 둘째가 입학하자 남편은 받아쓰기 시험에서 몇 점을 받아 오든 신경 쓰지 않았다. 그새 여유가 생긴 것이다.

많은 엄마들이 첫애가 초등학교에 입학하면 같이 초등생이 되는 것을 본다. 같이 등교하고 같이 하교하고 교실 청소도 같이한다. 우리 아이가 초등학생일 때 정말 아이에게 최선을 다하는 엄마가 있었다. 매일 교실 청소는 물론이고 학교의 여기저기를 다니며 청소했다. 얼마나 부지런한지 그때까지 세탁기를 써 본 적이 없다고 했다. 아이가 아침에 일어나면 입을 옷을 깨끗이 다려서 준비해 놓고, 필요한 준비물도 미리미리 챙겨 놓았다. 심지어 우리 딸이 잊어버리고 가져오지 않은 준비물까지 챙겨 주었다. 나로선 너무 고마운 엄마였다. 그런데 그 엄마는 수업이 끝나기 전에 벌써 교문 앞에 와서 기다리고 있다가 같은 반 아이들을 붙들고 묻곤 했다.

"너 오늘 받아쓰기 몇 점 받았니?"

"오늘 수학 쪽지시험 봤지? 넌 몇 점 받았니?"

그러고는 엄마들한테 전화해서 "지은이 엄마, 지은이 오늘 받아쓰기 80점 맞았대" 하고 중계를 했다.

엄마가 이렇게 하나부터 열까지 챙겨 주자, 아이는 매우 유약하고 소극적인 아이로 자랐다. 과잉보호를 받고 자란 아이는 아이 스스로 자기가 무엇을 잘하고 무엇에 흥미가 있는지를 알아볼 기회를 박탈당하게 된다. 무엇이든 엄마가 척척 알아서 해주니 아이 자신의 능력을 개발할 기회가 없는 것이다.

명문대를 나와 취직을 한 혜진이는 상담하러 와서 모든 상황이 두렵다고 호소했다. 심지어 컵에 물을 따라 먹는 것까지 엄마가 다 해주어서 회사 상사가 "창문 좀 열지" 해도 심장이 두근거린다고 했다. 왜냐하면 처음 해보는 일이니까. "화분을 저기다 나르자" 해도 가슴이 쿵쾅쿵쾅 뛴다고 했다. 어떻게 해야 하는지 모르기 때문이다. 엄마의 기대에 부응해 열심히 공부하는 것까지는 잘했는데, 막상 사회에 나오니 할 줄 아는 게 아무것도 없었던 것이다.

고등학생인데도 혼자서 지하철을 타 본 적 없는 아이도 본 적이 있다. 부모가 위험하다, 피곤하다, 복잡하다면서 지하철 탈 기회를 주지 않았던 것이다. 이런 아이는 아무리 지능이 우수해도 경험이 너무 부족해서 늘 불안할 수밖에 없다. 과잉보호를 받고 자란 아이는 몸으로 부딪쳐 체득한 경험이 없기 때문에 어떤 상황이든 늘 낯설고 불안하다. 하지만 경험이 많은 아이는 어떤 상황이 닥쳐도 별로 두려워하지 않는다.

그런데 과잉보호 하는 부모는 아이를 간섭하고 통제하고 지시하면서 자기 존재감을 갖기 때문에 과잉보호를 멈출 수가 없다. 30대의 어느 내담자는 엄마가 오이를 무치라 해서 무치면 상에 내기까지 잔소리를 30번은 듣는다고 호소했다. 이 엄마가 "오이를 너무 두껍게 썰었잖니! 칼을 똑바로 잡고 썰어야지! 오이를 그렇게 벅벅 문지르면 어떡하니?" 하면서 끊임없이 딸에게 전달하는 메시지는 '너는 나 없이는 안 돼. 넌 아직 애야'이다. 심지어 '너는 그냥 아이로 멈춰 줘. 절대 자라지 마'를 요구하고 있는 것이다.

엄마가 한 걸음만 아이 뒤에 서 있으면 아이가 알아서 도움을 요청할 것이다. 그때 필요한 도움을 주면 된다. 그런데 많은 부모들이 아이보다 한 발 앞서 걸으며 나만 졸졸 따라오라고 요구한다. 왜 그런가? 엄마 자신이 건강하지 못하기 때문이다. 아이를 대신해서 뭐든 다해 줌으로써 자기 존재감을 갖고자 하는 것부터가 건강하지 못하다는 증거다.

엄마가 뭐든 다 해주면 아이의 성적은 조금 오를지도 모른다. 그러나 성적이 오르는 것보다 훨씬 더 큰 것을 아이가 잃고 있다는 사실을 알아야 한다. 성적이 올라서 좋은 대학에 들어갈 수 있을지 모르지만 능력 있는 사람이 되기는 어려운 것이다.

엄마 말 잘 듣는 아이, 능력 없는 아이로 자란다

승아는 어렸을 때부터 어찌나 까다로운지 엄마만 안아 줄 수 있고 엄마만 만질 수 있었다. 아빠가 퇴근해서 안아 주려 하면 자지러지게 울면서 곁에 오지도 못하게 했다. 자라는 동안에도 어찌나 까칠하고 까다로운지 엄마가 고생이 많았다. 승아 엄마는 사랑이 많고 무던한 사람이라 이런 까다로운 아이를 잘 품고 길렀다. 하지만 이렇게 까다로운 아이들은 그렇지 않은 아이들이 갖지 못한 자원이 있다.

승아는 자신이 까다롭고 예민한 만큼 다른 사람의 욕구와 감정을 잘 읽고 공감할 수 있었다. 승아는 학창 시절에도 공부는 왜 해야 하냐며 수없이 반항하면서 엄마 속을 썩이더니 어찌어찌해서 대학에 들어갔다. 그러다 학원에서 아르바이트를 했는데, 명문 대학 출신이 아니지만 그 학원에서 가장 인기 있는 알바생이 되었다. 아이들의 욕구를 잘 읽고 그 마음을 공감해 주니까 학생들이 잘 따랐기 때문이다. 다른 사람들이 피하는 개구쟁이들도 승아는 잘 놀아 주고 돌봐주는 재주가 있었다. 자신이 까다롭다 보니 아이들의 마음을 누구보다 공감할 수 있었다.

승아는 학창 시절에도 공부하기 싫어했으니 뭘 많이 알아서 아이들을 가르치는 게 아니었다. 다만 공부하기 싫어하는 아이들과 말이 통하다 보니 승아가 가르치는 내용을 아이들이 효과적으로 배웠던 것이다. 아이들은 지식이 많으나 말이 통하지 않는 선생보다 지식은 별로 없으나 말이 통하는 선생에게서 훨씬 더 많은 것을 배운다.

공감한다는 것은, 예를 들어, 아이가 동대문 시장 견학이 숙제라며 걱정할 때 "정말 힘들겠구나" 하고 아이의 마음을 인정해 주는 것이다. 그리고 아이가 스스로 몇 호선 지하철을 타고 가서 어떻게 찾아갈지 찾아보고 어떤 내용을 견학할지를 계획하도록 기다려 주는 것이다. 아이와 공감하는 엄마는 아이의 현재와 상황을 있는 그대로 인정하고 공감해 준다.

그런 다음 아이가 동대문 시장을 향해 떠나면 길을 잃고 헤매다 전화할지 모르니까 전화기를 수시로 본다. 아이는 길을 잃고 헤매다 결국 동대문 시장을 견학하지 못하고 돌아올 수도 있다. 그래도 괜찮다. 비록 선생님이 내준 숙제를 완성하지 못하더라도 그 과정에서 아이는 훨씬 더 많은 것을 배울 것이다.

아이가 다닐 학원을 결정하는 문제도 마찬가지다. 당신은 자녀의 학원을 결정할 때 엄마인 당신이 결정하는가, 아이가 결정하게 하는가? 어느 학원을 다닐지 아이가 알아보는가, 엄마인 당신이 알아보고 결정하는가? 대부분의 엄마들은 자기가 알아봐서 선택하고 결정한다. 그리고 학원에 보내기 위해 돈 쓰는 것을 당연하게 여긴다.

집안 형편이 어려운 아이들은 학원에 한 번 가는 게 소원이다. 나는 아이들이 배우고 싶고 학원도 가고 싶은 것이 정상이라고 생각한다. 그런데 현실에서 많은 아이들은 학원에 더 가지 않는 게 소원이다. 나는 아이가 원하지도 않고 선택하지도 않았으며 결정한 적도 없는 학원에 비싼 돈 들여서 다니는 것이야말로 정말 큰일이라고 생각한다. 물론 아이에게 전적으로 학원 결정을 다 맡길 수는 없다. 그러나 적어도 선택의 과정에 주체적으로 참여할 수는 있어야 할 것이다.

지혜 엄마는 보내고 싶은 학원이 있으면 아이에게 먼저 의견을 묻는다. "지혜야 수학이 어려운데 좀 더 배워 볼까? 다른 아이들은 어떤지 한번 알아봐." 그러면 아이가 친구들에게 물어보고 다시 의논을 한다. "엄마, 애들이 A, B, C 학원에 다니는데, 내 친구가 다니는 A 학원 선생님이 잘 가르치신대. 그 학원이 좋은 것 같아." 그러면 엄마도 자신이 알아본 정보를 이야기한다. 함께 의논하고 학원도 가보아서 결정한다. 엄마가 일방적으로 보내는 것보다 자신이 결정한 일에 더 열심히 할 수 있다.

엄마들은 명문 대학에 갈 수만 있다면 묻지도 따지지도 않고 무조건 아이를 학원에 밀어 넣는다. 그러나 이렇게 해서 명문대에 가게 된 아이는 과연 무엇을 할 수 있을까? 자기가 선택하고 결정해야 하는 일조차 엄마에게 미룬 채 자기 인생인지 아닌지도 모르고 살아온 아이가 과연 무엇을 할 수 있을까? 심지어 학원 하나 더 보내기 위해 보상까지 하는 엄마도 있다.

당신이 선택하고 결정하고 돈을 들여서 공부에 매달리는 동안 아이는 많은 것을 잃고 있음을 잊지 말기 바란다. 승아는 학창 시절 공부를 못해서 주변에서 과연 재가 뭐가 될까 걱정이 많았지만, 자기를 포기하지 않으니까 결국 그 까다로움이 세상에서 힘을 발휘했다. 우리 아이들이 가진 자질이 어디에 쓰일지는 아무도 모른다. 그 아이를 향해 태에서부터 계획하고 기대하신 하나님만이 아실 것이다. 도무지 이해할 수 없는 그 아이만의 독특함이 어디에서 힘을 발휘할지는 알 수 없지만 부모는 그것을 보존하고 발전시켜야지 해쳐서는 곤란하다. 아이가 스스로 판단하고 선택하고 결정하게 해줘라. 이 자기 주도적이고 자율적인 태도가 성적보다 훨씬 중요하다. 인생에서 그것이 훨씬 큰 힘을 발휘한다.

아이는 효능감을 먹고 자란다

'내가 이것을 해낼 수 있다'고 느끼는 것을 '효능감'이라고 한다. 자존감이 높은 아이는 이 효능감이 높다. 그런데 성적이 좋아도 효능감이 낮을 수 있고 성적이 나빠도 효능감이 높을 수 있다. 다시 말해 이 효능감은 성적과 관계가 있기는 하지만 꼭 비례하지는 않는다. 물론 성적이 아주 나쁜 아이가 '난 해낼 수 있다'고 느끼기는 어려울 것이다. 우리 사회의 교육 풍토가 그렇지 못하기 때문이다.

내가 노력해서 이뤘다, 앞으로 노력하면 더 잘할 수 있다는 느낌이 효능감이다. 따라서 효능감은 성취감이라고도 할 수 있다. 아이들은 이 효능감을 먹고 성장하게 된다. 예를 들어, A라는 아이는 성적이 80점 정도 나온다. 못하지도 않지만 잘한다고 말하기도 어려운 점수다. 엄마는 A의 성적을 더 올리고 싶어서 B라는 학원의 특수반에 보내기로 했다. B학원의 특수반은 95점 이상의 아이들이 공부하는 반이다. A는 B학원의 특수반에 들어간 뒤 88점을 받게 되었다.

A는 확실히 성적이 올랐다. 하지만 95점 이상을 받는 특수반 아이들에 비하면 A는 열등생이다. A가 자신이 열등생이라고 느끼면서 이 학원을 계속 다닌다면 A의 효능감에 큰 문제가 생길 것이다. 성적은 올랐지만 아이의 삶에는 전혀 도움이 되지 않을 수도 있다.

최선을 다하면 A~F까지 배울 능력이 있는 아이가 있다고 하자.

이 아이에게는 A~G까지 숙제를 내주거나 F까지 숙제를 내줘야 한다. 최선을 다해 뭔가를 이뤘다는 효능감을 느낄 수 있기 때문이다. 그런데 이런 아이에게 더 잘하라고 K까지 숙제를 내주면 어떻게 될까? 아이가 죽기살기로 해서 겨우 G까지 마쳤다고 하자. 결과적으로는 F보다는 한 단계 더 나아간 G까지 했으니 성과가 좋다고 말할지도 모른다. 그러나 이 아이가 느끼는 효능감은 없다. 숙제를 다하지 못했으니 뭔가를 이뤘다는 느낌도 없기 때문이다.

그런데 많은 엄마들이 효능감이 있든지 없든지 상관없이 성적만 오르면 그만이라고 생각한다. 대단한 착각이고 잘못이다. 성적은 올랐으나 효능감이 없다면 그 아이는 늘 실패를 경험하고 있는 것이기 때문이다. 이렇게 늘 실패를 경험한 아이는 사회에 나가서 어떤 목표를 설정할 때 갈피를 못 잡기 쉽다. '어차피 해봤자 안 될 텐데'가 이 아이의 신념이 되어 버렸기 때문이고, 자신의 능력과 한계가 어디까지인지 모르기 때문이다.

어떤 아이가 중학교 때 제법 공부를 잘해서 외국어고등학교에 입학했다. 그런데 외고에 입학해서 첫 시험을 봤는데 완전히 바닥을 기었다. 중학교 때는 위에서 10위권이었는데 고등학교에 가서는 밑에서 10위권의 성적을 받자 아이는 너무 큰 충격에 빠졌고, 그러자 엄마는 1학기도 마치기 전에 일반고로 전학시켜 버렸다.

나는 이 엄마에게 박수를 보내고 싶다. 중앙대에 들어갈 수준의 아이를 억지로 끌어올려서 연대에 보내면 과연 잘된 일일까? 나는 차라리 자기 수준의 중앙대에 가서 행복한 대학 생활을 하는 것이 훨씬 더 잘된 일이라고 생각한다.

억지로 끌어당겨서 더 높은 수준, 더 높은 성적, 더 좋은 대학에 들어가는 것이 과연 누구에게 좋은 일인지 곰곰이 생각해 보기 바란다. 정말 아이에게 좋은 일일까? 어쩌면 아이에겐 더 나쁘고 엄마에게만 좋은 건 아닌지 모르겠다.

자율적인 아이가 성공한다

아이에게 자율성을 부여하는 부모는 아이에게 선택의 기회를 준다.

"네가 원하는 게 뭐야?"

아이가 원하는 것이 엄마가 원하는 것과 다를 수 있다. 이때 어떻게 조정할 것인가를 아이와 의논해야 한다. '무조건 안 돼'가 아니라 어떻게 하면 '되게 할 것인가'를 의논하는 것이다. 그런 다음 너무 과중한 목표를 제시하기보다 지금보다 조금 더 노력하는 수준의 목표를 제시해 준다. 그리고 아이가 도움을 요청했을 때 "무엇을 도와줄까" 하며 도움을 주되 아이보다 한 걸음 앞서서 도움을 주지 않으며, 엄마는 언제나 너와 함께한다는 느낌을 갖게 해준다. 그리고 성취했을 때 칭찬하고 격려하고 수용해 준다.

그런데 나는 칭찬보다는 격려하고 수용할 것을 권한다. 칭찬은 자칫 부담이 될 수 있기 때문이다. 예를 들어, 아이가 반에서 1등을 했을 때 엄마가 "정말 잘했다. 넌 전교 1등도 할 수 있는 애야. 정말 자랑스러워" 한다면 아이는 "다음엔 전교 1등해"라는 소리로 들을 수 있다.

부모로부터 자율성을 부여받아 자기 인생에 대해 주도권을 가지고 있으며 효능감에 문제가 없는 아이는 명문 대학을 가든 그렇지 않든 능력이 있는 아이다. 인생에서 이렇게 중요한 능력을 가진 아이는 어떤 위기가 와도 해결하고 헤쳐 갈 힘이 있다. 이런 사람이야말로 하나님이 계획하고 기대하는 인생을 살아갈 수 있다.

그런데 많은 부모들이 이 모든 능력을 희생시키고 오로지 명문 대학을 목표로 아이를 밀어붙이고 있다. 오로지 명문 대학을 목표로 부모가 알아서 선택하고 결정하며 한 발 앞서서 도움을 주고 일일이 간섭하면서 아이가 자율적으로 주도하고 효능감을 가질 기회를 박탈해 버리는 것이다. 이렇게 해서 성공한 인생은 아주 위험하다. 하나님이 계획한 인생이 되기도 어렵다.

한편, 아이에게 자율성을 부여하되 경계선을 둘 필요가 있다. 다섯 살배기 아이를 대운동장에 데려다 놓고 마음껏 뛰어놀라 하면 아이는 불안해서 잘 놀지 못한다. 아이의 능력에 맞는 공간을 주어야 안정감을 가지고 뛰어놀 수 있다. 사람은 적절한 경계선이 있어야 안정감을 가지고 진정한 자유를 누릴 수 있다.

쉰 살이 다 되어 늦둥이를 낳은 부부가 있다. 부부는 뒤늦게 얻은 막내가 어찌나 예쁜지 무슨 짓을 해도 허용해 줬다. 그런데 이렇게 사랑을 듬뿍 받고 자란 막내는 자주 불안해했다. 왜 그럴까? 부모가 경계선을 정해 주지 않았기 때문이다. 아이는 경계가 없는 세상에서 스스로 해야 할 일과 하지 말아야 할 일을 구축해 가야 했기 때문에 불안했던 것이다.

그러면 이 경계선은 어디까지가 적당할까? 그것은 아이의 상태에 따라 다르다. 예를 들어, 사춘기 자녀에게 용돈을 너무 적게 주면, 아이는 친구들과 관계 맺기에 어려움을 느낄 것이다. 하루에 천 원도 쓸 수 없으면 불편을 느끼고 나중에는 분노를 느낄지도 모른다. 무조건 많이 주어서도 안 되지만 무조건 적게 주어서도 안 된다.

시간도 몇 시부터 몇 시까지 놀아라, 하는 경계선을 주어야 한다. 그런데 그 시간이 너무 많아서도 곤란하고 너무 적어서도 곤란하다. 5평 정도의 방에서 잠을 자야 안락한 아이에게 2평가량의 작은 방에서 자라면 답답하고 불편하다. 경계선이 너무 좁으면 아이들은 답답해하다 나중엔 분노를 느끼고 결국 그 경계 밖으로 탈출을 시도한다. 따라서 시간이든, 공간이든, 돈이든, 적절한 경계를 주는 게 필요하다.

사춘기 아이들이 경계를 넘어갔을 때 어떻게 경고를 하면 좋을까? 가장 현실적인 방법은, 몇 시부터 몇 시까지 자유롭게 놀게 했는데 1시간 줄이겠다는 식으로 제한하는 것이다. 반면에 경계를 잘 지키면 자유 시간을 더 늘리거나 용돈을 더 주는 상을 줄 수 있다.

아이들의 가장 큰 약점은 돈을 벌지 못한다는 것이다. 그것은 다시 말해 우리에게 돈이라는 권력이 있다는 말이기도 하다. 아이들이 성인이 되어 돈을 벌기 시작하면 우리에게 돈은 더 이상 권력이 될 수 없다. 따라서 권력을 가졌을 때 이 돈을 이용해 아이들을 바르게 가르치고 훈련할 수 있다.

돈으로 경계를 잘 지키도록 훈련하면서 자연스럽게 유익하게 돈을 쓰는 법, 저축하는 법을 익히면 좋을 것이다. 또 더 큰 목표에 돈을 쓰기 위해 참고 견디면서 그 목표를 성취했을 때 효능감을 느끼게 하면 더 좋을 것이다.

견디며 기다리기

혼란과 방황을 견디는 부모가 돼라

좋은 엄마는 누구인가?

좋은 엄마는 잘 기다리는 엄마다. 잘 기다리는 엄마는 잘 견디는 엄마, 맷집이 좋은 엄마다. 권투 선수는 잘 때려야 하지만 맞기도 잘 맞아야 한다. 좋은 엄마도 권투 선수처럼 잘 때릴 줄도 알아야 하고 잘 맞을 줄도 알아야 한다.

살다 보면 크고 작은 펀치가 날아와서 충격을 가한다. 부부관계에 갈등이 있을 수 있고, 사춘기 자녀가 긴 방황기에 들어갈 수도 있다. 이때 이렇게 생각하면 곤란하다.

'이런 일이 생기면 절대로 안 되는데… 왜 이런 일이 생긴 거지?'

인생이란 원래 그런 거다. 터지고 쓰러지고 그러다가 일어나서 펀치를 날리기도 하면서 사는 것이다. 인생에 위기가 있고 갈등이 있고 시련이 있는 게 당연하다. 이런 일을 일어나서는 안 되는 일이라고 생각하면 더 힘들고 견디기 어렵다. 이 모든 크고 작은 펀치들이 지나가기를 견디며 기도하며 기다려야 한다.

사춘기 자녀가 지금 아무런 반항도 하지 않고 착하고 얌전하게 잘 지내고 있는가? 그렇다면 혹시 자녀가 방황하고 좌절의 시간을 보낼 수 없을 만큼 당신이 혹은 당신의 집이 여유가 없지는 않은가? 아이가 마음 놓고 방황할 수 없을 만큼 당신이 혹은 당신의 가족이 믿을 만하지 못한 것은 아닌가? 한번 생각해 볼 일이다.

사춘기, 사춘기에 와라

우리 인생에서 죽을 것처럼 힘들고 괴로운 시기가 없다면 과연 타인을 이해할 수 있을까? 나 아닌 타인을 배려하고 위로하고 사랑할 수 있을까? 내 인생에 영혼의 밤과 같은 순간들이 있었기에 이나마 인격을 갖게 되었을 것이다. 물론 다시는 그런 고통스러운 시간을 만나고 싶지 않지만 말이다.

우리 인생을 돌아보면, 너무 힘들고 괴롭지만 그런 순간이 있었기에 오늘의 내가 있음을 인정하지 않을 수 없다. 그렇다면 우리 아이들도 우리와 같은 암흑의 시간을 지나야 한다. 그래야 마음이 성장하고 삶이 풍요로워질 수 있다. 그런데도 우리는 엄마로서 아이가 아프지 않았으면 좋겠다. 힘들지 않고 고통스럽지 않았으면 좋겠다. 나처럼 좌절하지 않고 절망하지 않았으면 좋겠다. 그런데 이런 마음이 아이를 망칠 수 있다.

아이는 아이 몫의 고통과 실수와 위기와 혼란을 겪어야 한다. 그 혼란의 시기가 엄마인 내가 보호할 수 있을 때 찾아온다면 천만다행이다. 엄마인 내가 도움을 줄 수 있을 때, 버텨 줄 수 있을 때 아이의 사춘기가 지나가야 다행인 것이다. 내가 아무런 도움도 줄 수 없는 장년기에 사춘기를 겪으면 여러 사람이 다치게 된다. 중년의 나이에 바람을 피우고 직장을 그만두고 방황하면 어쩌겠는가? 회복하기 힘든 상황까지 갈 수 있다.

그래서 사춘기 자녀가 지금 방황하는 것은 정말 다행한 일이다. 갑자기 학교에 가지 않겠다, 공부하지 않겠다면서 방황해도 지금 하는 것이 다행한 일이다.

우리 큰애는 고등학교에 입학해서 얼마 안 돼 학교를 그만두겠다고 말했다. 아이가 중학교 때까지 편안하게 학교에 다니다가 고등학교에 올라가서 갑자기 아침 7시부터 밤 10시까지 공부하라니까 질려서 "엄마, 이건 학교가 아니야" 했다.

"난 국사를 공부하고 싶은데 국사는 가르치지 않고 문제집만 풀어. 이게 어떻게 국사 공부야?"

"왜 10시까지 학교에 붙잡혀 있어야 해? 난 그걸 이해할 수가 없어."

그러면서 아이는 혼자 공부해서 반드시 명문 대학에 들어갈 테니 학교를 그만두게 해달라고 졸랐다. 나는 아이의 말을 반박할 수 없었다. 국사 시간에 국사를 가르치지 않고 문제집을 푸는 학교가 정상이 아닌 것은 분명했다. 더구나 억지로 10시까지 붙잡아 두고 공부시키는 것도 아이에겐 부당한 처사다.

하지만 그렇다고 아이 말대로 학교를 그만두고 혼자 공부하라고 할 수도 없었다. 요즘은 학교를 그만두고 홈스쿨링 하는 아이들이 제법 많다. 하지만 당시만 해도 그런 애가 별로 없었다. 과연 아이의 말을 따르는 게 답인가 싶어 너무 고민이 되었다. 유학을 보내야 하나 하는 생각도 했다. 하지만 아직 사춘기를 끝내지 않은 상태에서 외국에 나가면 앞으로 한국에서 살기는 어렵다고 보았다. 한국의 가치관과 정서가 형성되지 못하기 때문이다.

나는 몇 날 며칠을 고민한 끝에 아이에게 타협점을 제시했다. 우선 공부 안 해도 되니까 학교를 다니자고 했다. 또래를 만날 수 있는 곳이 학교니까 학교생활이 필요하다고 보았기 때문이다. 그리고 선생님께 얘기해서 야간자율학습을 빼 주겠다고 했다.

그렇게 해서 큰애는 2학년 때까지 그저 학교만 다녔다. 학원도 안

다녔으니 저녁이면 동네를 어슬렁거리는 학생은 우리 아이가 유일했다. 심리학을 공부한 터라 엄마인 내가 견뎌야 한다는 걸 누구보다 잘 알았지만 그럼에도 그 2년은 정말 힘들었다. 하지만 나는 아이가 스스로 뭘 해보겠다고 말할 때까지 기다리기로 마음먹은 터였다. 지금 생각해도 그때 내가 견디며 기다린 건 정말 잘한 일 같다.

고3이 되었을 때 주변의 친구들이 모두 공부에 매달리자 큰애도 마음이 움직여서 공부하기 시작했다. 지난 2년을 허송했으니 3학년 한 해 동안 공부한다고 될까 싶었지만, 신기하게도 스스로 뭘 해보겠다고 마음먹으니까 2년을 따라잡았다.

내가 큰아이에게 한 일은 경계선을 그어 주고 견디며 기다린 것이었다. 경계선이란 학교를 그만두지 않고 다니기로 한 것이다. 아이는 내가 정한 경계선 내에서 야자와 공부를 억지로 하지 않겠다는 타협점을 찾았다.

그랬다가 아이가 끝까지 공부하지 않으면 어쩌나 걱정되는가? 공부하지 않는다면 다른 무언가를 찾아서 하기 시작할 것이다. 아무리 입이 짧아서 깨작깨작 먹는 사람도 밥을 먹지 않으면 살 수가 없다. 배고프면 밥을 먹듯이 사람은 누구나 무언가를 성취하고자 하는 욕구가 있다. 공부가 아니라면 다른 무엇이라도 찾게 되어 있다.

"우리 아이는 하고 싶은 게 없어요." 하는가? 만일 그렇다면 아이가 스스로 하고 싶어 하기 전에 엄마가 무언가를 강요했거나 미리

미리 먹였거나 했을 것이다. 배고플 때까지 굶기고 기다리면 스스로 밥을 찾아 먹을 것인데 그것을 못 참고 진수성찬을 차리고 먹으라고 강요했을 것이다. 많은 부모들이 이런 실수를 저지르는데, 진수성찬을 차리는 것보다 기다리는 게 힘들기 때문이다.

어슬렁거리는 게 능력이다

사춘기 아이들뿐 아니라 어른들도 무조건 돌진하기보다 머뭇거리며 어슬렁거리는 시간이 필요하다. 아무것도 하지 않고 쉬는 시간이 필요하다. 그런 시간을 갖는 것도 능력이다. 조금만 여유가 있어도 못 참는 사람은 이런 '쉼'의 능력이 결여된 사람이다. 계속해서 자신을 몰아붙여서 한계 상황까지 가야 안심할 수 있다면 건강하지 못한 것이다.

상담자는 내담자가 오면 어떻게 해서든 내담자가 변화되고 회복되어 자신을 떠나기를 바란다. 이것은 내담자가 간절히 바라는 바이기도 하다. 하지만 상담을 해보니, 내담자를 매주 만나긴 하는데 1시간 동안 뭘 했는지도 모르겠고 눈에 띄는 변화도 안 보이고 말도 안 통해서 마음이 답답한 때가 있다. 초보 상담자들이 가장 견디기 힘든 때이기도 하다. 그러나 오랜 상담 경험으로 볼 때 사실은 이런 성과 없어 보이는 때에 내담자의 내면에서 큰 물결이 일어난다는 걸 알았다. 그런 시간을 견디고 함께 가는 것이 중요하다. 오히려 말도 잘 통하고 눈에 띄게 진전이 일어나고 상담사로서 뭔가 해낸 것 같은 때가 실은 그리 큰 변화가 일어나지 않는 경우도 있다. 상담자와 내담자가 서로 헤매는 시간에 내면에선 오히려 훨씬 더 큰 폭으로 진전이 일어나는 것이다. 그래서 이렇게 헤매고 답답한 시간을 잘 버티는 게 중요하다는 걸 알았다. 이 시간을 잘 버텨야 회복이 일어나고 변화가 일어난다.

효능감 있는 아이로 키우고 싶다면, 능력 있는 아이로 키우고 싶다면, 아이가 헤매고 방황하고 어슬렁거릴 때 견뎌 줘야 한다. 기다려야 한다. 어느 한 분야에서 20년, 30년을 꾸준히 하는 사람들을 보면 처음부터 능력이 출중했다기보다 잘나갈 때든 못 나갈 때든 잘 버틴 사람이었음을 알 수 있다. 진짜 능력은 실패했을 때 좌절하지 않고 버티는 것이다. 잘나갈 때 자기를 잘 지키는 것이다. 이 힘은 엄마가 어떤 상황에서든 버티고 기다려 줄 때 생긴다. 아이는 끝까지 버티는 엄마의 모습을 내면화하기 때문이다.

몇 년 전에 상담하러 온 사람은 심한 우울증에 알코올중독자였다. 우울증과 알코올중독을 치료하기 위해 병원도 다니고 약도 먹고 했지만 여전히 술 없이는 살기 힘들어했다. 이런 사람을 보면 상담자는 빨리 고치고 싶다는 유혹을 강하게 받는다. 나 역시 그를 보고 있

으면 벼랑 끝에 선 사람처럼 너무 위태위태해서 얼른 알코올중독과 우울증에서 벗어나게 해주고 싶었다. 하지만 나는 그의 알코올중독 문제를 다루지 않기로 마음먹었다. 나는 그가 인생을 잘못 살고 있고 인간관계도 잘못하고 있다는 자책과 존재감의 문제가 알코올중독을 가져왔다고 보았다. 이 내면의 문제만 해결하면 그의 알코올중독도 해결될 것이라 믿었다. 사실 알코올중독 치료는 나의 전문 분야도 아니기에 그럴 능력도 없었다.

하지만 그의 주변 사람들은 내가 알코올중독은 다루지 않고 내면의 문제에만 집중하니까 못마땅하게 여겼다. 중독 전문가라는 사람은 내게는 어째서 알코올중독을 고치려 하지 않는지 이해할 수 없다고 했고, 그에게는 매일 한두 잔씩 술을 마셔서는 절대 끊을 수 없다고 경고했다. 그래도 나는 견뎠다. 그렇게 2년이 지난 어느 날, 그는 반년 동안 거의 술을 마시지 않고 지내게 되었다. 하고 싶은 일이 생겨서 밤을 새워 그 일을 하다 보니 술 마실 시간이 없었다는 것이다.

많은 엄마들은 드러난 현상에만 집착해서 아이가 게임에 빠지고 스마트폰에 빠져 사는 것만 고쳤으면 좋겠다고 생각한다. 그런데 아이를 변화시키고 싶다면 견뎌야 한다. 아무리 입 아프게 얘기해도 고쳐지지 않는다. 참고 견디면서 엄마가 항상 너와 함께한다는 사실을 어떻게든 알려야 한다. 내면의 문제가 해결되어야 진정한 변화가 일어날 것이기 때문이다.

정상적인 사람은 정상과 비정상을 왔다갔다 하는 사람이다. 항상 정상적이라면 그는 비정상적인 사람이다. 그래서 '정상증후군'이라는 정신병도 있다. 늘 평온하고 늘 실수가 없고 늘 변함이 없고 늘 완벽하다면 그는 정상이 아니다. 큰 병에 걸린 것이다. 이런 사람들이 가장 두려워하는 것은 정상이 아닌 것이다. 내가 과연 정상인가, 아닌가에 너무 집착한다면 '정상증후군'을 의심해 봐야 한다. '나는 반드시 정상적이어야 한다'면 이도 의심해 봐야 한다. 사람은 정상일 때도 있지만 비정상적인 상태, 즉 뭔가에 미치도록 몰입하거나 상상 속에 빠질 때도 있다. 실은 위대한 순간들은 그런 비정상적인 상태에서 잉태되고 실현된다.

라이트 형제가 비행기를 만들고 하늘을 날고자 했을 때 사람들은 그들을 얼마나 비현실적이라고 생각했겠는가? 멀쩡히 잘 다니던 직장을 집어치우고 그림쟁이가 되고자 하거나 여행가가 되겠다고 나선 사람들도 실은 정상에서 벗어난 사람이 아닌가?

정상적인 삶을 산다는 것이 매우 중요하지만 때때로 우리는 광기의 주변을 어슬렁댄다. 그렇게 왔다갔다 하고 얼쩡대는 것을 인정하고 수용할 수 있을 때 삶은 전체적으로 균형이 잡히고 활력이 생긴다.

항상 믿음이 좋은 크리스천이고 싶은가? 위선자가 되기 십상이다. 아무리 믿음이 좋다 해도 우리의 생각은, 행동은 인간적이고 부족하다. 부족함을 인정하고 그것을 바라보고 느낄 수 있어야 한다. 그래야 하나님을 의존하고 교만에 빠지지 않는 좋은 크리스천이 될 수 있다.

아이의 기질을 알아야 바른 길을 제시한다

나는 외향형인 데 반해 우리 아들은 매우 강한 내향형이다. 나는 이 사실을 아이가 초등학교에 입학하고 나서야 알았다. 나는 어렸을 때 친구들과 어울려 지내기를 좋아하고 교실에서도 발표하기를 좋아했는데, 아들은 알아도 발표하는 법이 없었고 절대 사고를 일으키지 않았고 말수도 없이 너무나 조용했다. 아들이 2학년 때 학교에 갔더니 담임선생님이 아들의 존재를 거의 모르다시피 해서 깜짝 놀랐던 기억이 있다.

외향적인 나로서는 아들의 성향을 도무지 이해할 수 없었다. 아이들과 스스럼없이 어울리고 적극적이고 활달하게 지내는 것이 학교생활을 잘하는 것이라고 믿었기 때문에 처음에는 아들을 이해할 수 없었다. 하지만 아들은 있는 듯 없는 듯 지내는 게 편했고 그러기를 원했다.

대부분의 엄마들이 아이의 기질과 성향으로 자녀를 이해하기보다 자신의 기질과 성향으로 자녀를 이해하는 오류를 범한다. 그래서 가장 먼저 아이의 성향을 이해하는 것이 중요하고, 이해한 다음에는 그 아이의 기질과 성향에 맞는 학습과 삶의 길을 제시해 주는 것이 중요하다.

내가 아는 한 아이는 언어발달이 느려서 다섯 살 때까지 할 줄 아는 말이 별로 없었다. 그런데 이 아이가 영어유치원에 다녔다. 우리말도 제대로 할 줄 모르는 아이에게 영어를 가르쳤으니 뒤죽박죽되어서 언어발달이 더 안 되었다. 그런데 이 아이의 부모가 욕심을 버리지 못하고 초등학교도 국제학교를 보냈다. 아이는 초등학교 3학년이 되도록 글을 제대로 읽을 줄도 쓸 줄도 몰랐고, 자신감이 완전히 바닥으로 떨어져서 언제나 머리를 숙이고 다녔다.

그런데 이 아이에게 서광이 비추는 사건이 있었으니, 바로 운동회에서 빛을 발한 것이다. 아이는 운동에 뛰어난 재능을 보여서 노력하지 않아도 웬만한 운동은 쉽게 할 뿐 아니라 탁월하게 잘했다. 마침내 전국대회에서 1등을 거머쥐면서 언제나 어둡던 아이의 얼굴이 밝아지기 시작했다.

모든 엄마들은 우리 아이가 공부를 탁월하게 잘했으면 한다. 하지만 모두가 탁월하게 공부를 잘하기는 불가능하다. 부모는 공부 잘하라고 몰아붙일 책임이 있는 게 아니라 아이의 적성에 맞는 재능을 키울 책임이 있다.

다음은 홀랜드(Holland) 적성검사를 기준으로 성격 유형과 그에 맞는 학습 유형을 알아보았다.

탐구형

탐구형 아이들은 지적 호기심이 매우 많은데다 한 가지에 빠지면 끝까지 파고드는 경향이 있다. 예를 들어, 어떤 벌레에 대해 관심을 갖기 시작하면, 인터넷과 책 등을 샅샅이 뒤져서 그 벌레에 대한 모든 정보를 알아보고 그 이름이나 생태 등을 달달 외운다. 탐구형 아이들은 대체로 자연과학 분야에 왕성한 지적 호기심을 나타낸다. 이런 아이를 둔 엄마들은 '혹시 얘가 천재가 아닌가?' 하고 놀라워하며 기대에 찬다.

하지만 탐구형 아이들은 자신이 좋아하고 관심 있는 분야에만 탁월한 경향이 있다. 자신이 관심 있고 재밌어 하는 과목에는 거의 천재적 학습 능력을 발휘하고 스스로 찾아서 공부하지만 관심이 없는 과목에는 전혀 흥미를 느끼지 못해서 공부를 할 수가 없다. 그렇다 보니 이 아이들은 전 과목을 잘해야 하는 우리나라 수능에는 맞춤 인재가 되지 못한다. 교육은 어느 한 분야에 탁월한 능력을 보이는 인재를 개발하고 육성해야 하는데, 우리나라는 거꾸로 가고 있는 형편이다.

엄마들도 우리나라 교육 현실과 다르지 않아서, 이런 탐구형 아이들에게 "수학이나 과학 공부를 하는 것만큼 영어랑 국어를 공부해봐. 전교 1등이 아니라 전국 1등이 될 수 있어" 하며 전 과목에 우수한 성적을 받아 오라고 채근한다. 그러면 탐구형 아이들은 엄마의 기대에 부응해서 전 과목이 우수한 성적을 내기보다 기존에 잘하던 과목에 대한 열정까지 꺾여 버려서 오히려 공부와 멀어질 수 있다.

탐구형은 고집이 세다는 것이 또 하나의 특징이기 때문에 엄마가 밀어붙일수록 튕겨나가기 쉽다. 반항하기 쉽고 비뚤어지기 쉽다. 탐구형 자녀를 둔 부모가 상담실에 오는 경우가 종종 있는데, 대개 "너무 고집이 세서 힘들어요" 하고 호소한다. 다른 아이들에게도 그래선 안 되지만 특히 탐구형 아이들에겐 절대 강요해선 안 된다. 따라서 어느 한 분야에 깊이 파고드는 경향을 보인다면, 이 부분을 인정하고 격려해야 한다. 그러면서 다른 과목에도 관심을 갖도록 격려하고 설득해야 한다.

"넌 수학을 잘해서 수학자가 되고 싶다고 했잖아? 근데 수학자가 되려면 최소한 국어도 어느 정도 해야 해."

"국어도 수학처럼 잘해야 해" 하면 안 된다. 수학만큼은 못해도 어느 정도는 해야 네가 바라는 수학자가 되는 길에 더 가까워질 수 있다고 설명하고 설득해야 한다.

탐구형 아이들은 머리로 납득되지 않으면 마음도 행동도 좀처럼 움직이지 않는다. “이거 해!” 하면 바로 “네” 하고 순종하지 않는다. 그걸 왜 해야 하는지 충분히 납득이 되어야 몸이 움직이는 것이다. 그래서 어떤 면에선 자기가 관심 있고 재밌어 하는 어느 분야를 제외하고는 멍청이가 아닌가 싶을 정도로 굼뜨다. 또 탐구형은 대인관계가 원만하지 않을 수 있다. 미국 드라마 중에 〈CSI〉라는 수사 드라마가 있는데, 거기에 나오는 반장이 전형적인 탐구형이다. 그는 그의 주위를 배회하며 좋아하는 마음을 흘리는 여인을 끝까지 못 알아본다. 자기 일에 몰두해서 남이 보이지 않기 때문이다.

그러나 탐구형 아이들은 무엇보다 끈기 있고 고집스럽게 자기 분야를 파고들기 때문에 성공할 가능성이 높다.

예술가형

우리는 모두 탐구형이면 탐구형, 예술가형이면 예술가형, 이렇게 어느 한 가지 유형만 보이는 게 아니다. 탐구형이면서 예술가형일 수 있고 예술가형이면서 관습형일 수 있다. 그런데 탐구형이면서 예술가형이면 정말 골치 아프다. 깊이 있게 파고드는 탐구형이면서 창의적이어서 천방지축인 예술가형이 결합했으니 이런 아이를 키우려면 부모는 어느 누구보다 두 배로 힘들 수밖에 없다. 하지만 이런 아이들은 예술가로서 성공할 확률이 아주 높다.

예술가형의 특징은, 창의적이고 감수성이 풍부하며 자유분방하고 개방적이다. 생각이 남달라서 럭비공처럼 어디로 튈지 모르는 아이들이다. 남과 똑같이 하는 걸 아주 싫어해서 소위 '싸가지 없다'는 인상을 줄 수 있다.

부모가 아이에게 어떤 주의를 주려고 부르면, 아이는 자기 방을 나와서 삐딱하게 앉아서 부모와 마주본다. 그러면 부모는 "너 똑바로 앉아" 하고 벌써 마음이 상해서 지적하기 시작한다. 그런데 이 아이는 똑바로 앉을 수가 없다. 똑바로 앉아서는 자연스런 대화를 할 수 없는 것이다. 예술가형의 아이들은 싸가지가 없는 게 아니라 기질상 싸가지 없게 보일 뿐인 것이다. 그러므로 이런 아이와 진지하게 대화하고 싶다면 이 아이들처럼 되어야 한다. 삐딱하게 앉아도 괜찮고 다리 떨어도 괜찮아야 한다. 그래야 대화가 이뤄진다.

예술가형 아이들은 멋을 잘 부린다. 컵 하나도 마음에 안 들면 손에 드는 것조차 싫어하고 책 하나를 들어도 멋이 있어야 한다. 명품도 좋아하고 한두 개로는 성이 안 차서 여러 개 가져야 한다. 다람쥐 쳇바퀴 돌듯 반복되는 일상을 싫어해서 변화를 추구하고 흥미롭고 재밌는 것에 목숨을 건다. 그러니 말씀의 진리를 좇는 그리스도인들로서는 이 아이들이란 사치스럽고 겉멋만 부리는 요상한 존재들이다.

하지만 이 아이들은 남들이 보지 못하는 미적 세계가 노력하지 않아도 보이기 때문에 '사치스럽다'고 비난할 게 아니라 형편이 허락

한다면 그런 점을 허용해 줘야 한다.

예술가형이 공부를 좋아할까? 당연히 싫어한다. 특히 예술가형인데 운동성이 있는 아이라면 재미가 없으면 절대 안 한다. 무조건 재미있어야 한다. 그러니 공부가 재밌을 리 없다.

엄마들이 한결같이 아이들에게 바라는 것은, 학교 갔다 돌아오면 먼저 깨끗이 씻고 방에 들어가 그날 해야 할 숙제를 끝낸 뒤 나가서 노는 것이다. 매일 일정한 시간에 숙제하고 복습하고 예습하면 너무 좋아한다. 그런데 이 아이들이 가장 싫어하는 것이 이렇게 매일 반복되는 일상이다. 그래서 이런 아이들은 차라리 집에 돌아오면 실컷 놀게 해주는 게 좋다. 그런 다음 저녁에 "네가 지금까지 실컷 놀았으니 적어도 이건 해야 하지 않겠니?" 하고 말한 뒤 다른 아이가 1시간 할 것을 40분 만에 끝내게 해줘야 한다. 이 아이들은 몰입도가 뛰어나서 벼락치기 공부도 아주 잘한다.

이 유형의 아이들은 적어도 최소한의 시간에 몰입해서 자기 할 일을 끝내는 것이 당연하다는 걸 각인하면서 그렇게 훈련되도록 지도해야 한다. 물론 실컷 뛰어놀게 해준 다음에 그런 요구를 해야 한다. 이 아이들은 자기가 실컷 놀았다고 생각되지 않으면 매사가 불평이고 짜증이다. 그러므로 남들처럼 시험 시작 2주나 3주 전에 공부하자 그러면 절대 할 수 없다. 차라리 10일 전쯤에 그동안 신나게 놀았으니 이제부터 공부하자고 하거나 벼락치기라도 공부에 집중해서

하도록 이끌어 줘야 한다.

만일 엄마가 규칙적이고 모범적이라면 이 유형의 아이들을 이해할 수도 없고 다루지도 못할 것이다. 엄마의 유형으로 아이를 이끌려면 번번이 실패할 것이다. 확 풀어 줬다가 때가 되면 확 조이는 기술이 필요한 것이다.

사회형

사회형은 '관계형' 혹은 '인간관계형'이라고 할 수 있다. 이 유형은 대개 인간적이고 따뜻하며 다른 사람들의 마음에 관심이 많다. 사회형이 강한 아이들은 친구들과 마음이 통하는 정서적인 관계를 갖는 게 가장 중요하기 때문에 공부할 때도 '엄마가 공부 잘하길 원하니까 공부해야지' 하는 동기를 갖는다. 공부 자체가 아니라 관계를 위해 공부하는 것이다. 그래서 심지어 친구들을 이기고 1등을 하는 것이 싫어서 1등 하지 않으려 하기도 한다.

사회형 아이들은 공부를 아주 잘하기 쉽지 않다. 이 아이들의 에너지는 언제나 다른 사람의 마음에 쏠려 있기 때문에 공부에 에너지를 쏟아 붓지 못한다. 공부를 하면 잘할 수 있지만 공부 잘하는 것으로 기쁨을 느끼지 못하기 때문에 공부에 열중하지 못한다. 이 아이들은 정서적 관계가 너무 중요하기 때문에 나만 아이들과 잘 어울려 지내는 것으로 만족하지 못한다. 내 친구들도 다른 사람들과 잘 지내야 하는 것이다. 이처럼 마음이 따뜻하고 다른 사람을 잘 배려하지만 이 유형의 아이들은 늘 잡생각이 많다. 이런 유형의 아이는 부모가 부부싸움을 하면 엄청 힘들어한다. 주위 환경이 정서적으로 안정되지 못하면 굉장히 힘들어하면서 공부하는 것도 힘들어한다. 따라서 이런 유형의 아이들에게는 마음을 편안하게 해주는 것이 가장 중요하며, 공부를 몰아붙여서 하게 하면 곤란하다.

희생하고 존경하고 용서하고 봉사하는 일을 아주 잘하기 때문에 이런 아이들은 상담자, 사회복지사, 교육자가 되면 좋다.

기업가형

도전적이고 책임감 있으며 모험적이고 낙관적이며 무엇이든 시도하려는 경향이 강한 유형이다. 권력에 관심도 많다.

이런 아이들은 친구들과 함께 놀면서 "너는 이거 해" 하고 역할을 나눠 맡기는 것도 잘하고 놀이를 끌고 가기도 잘한다. 한마디로 대장 노릇을 잘한다. 하지만 세심하게 계획을 세우고 구체적으로 실행에 옮기는 점에선 매우 약하다. 예를 들어, "빌딩을 짓자"고 주동을 하고는 빌딩을 짓기 위한 돈을 모으고 설계를 하고 일정을 잡는 구체적이고 섬세한 부분에 이르러서는 뒤로 빠진다. 체계적이지 못한 것이다.

한편, 이 유형은 누군가에게 통제받는 걸 몹시 싫어하기 때문에 자존심이 매우 세 보인다. 내가 만난 아이 중에도 이렇게 리더형 아이가 있었는데, 이 아이는 친구들을 모아서 자전거 타기 대회 같은 걸 열어서 어울려 다니는 걸 좋아했다. 한 번 모으면 100명가량이 참여할 정도다. 그런데 이 아이는 공부하기를 아주 싫어했다. 알고 보니 이 아이의 부모가 통제형이었던 것이다. 누군가에게 통제받는 걸 아주 싫어하는 리더형 아이에게 부모가 공부하라고 통제했으니 공부에 흥미를 잃어버린 것이다.

이 유형의 아이들에게 어울리는 학습 방법은 자기 주도적 학습이다. 아이가 주도권을 가지고 계획하고 실행에 옮기도록 하되 부족한 디테일을 부모가 채워 주는 식으로 공부할 수 있도록 해야 한다.

또 이런 아이들에게는 오랫동안 두고 보았다가 때가 되었을 때 따끔하게 혼내는 것이 효과적이다. 매일 똑같은 잔소리를 늘어놓으면 통제로 받아들이기 때문에 더 크게 반발하게 된다.

관습형

이 유형은 엄마들뿐 아니라 선생님들도 아주 좋아하는 유형이다. 이 유형의 아이들은 체계적이고 조직적이며 반복적이고 신중하다. 혼자서 준비물도 척척 챙기고 숙제도 알아서 성실하게 해 간다. 정확하고 빈틈이 없고 질서정연해서 엄마가 손 댈 데가 없다. 주위의 엄마들도 이런 아이를 부러워한다. 반면에 보수적이고 변화를 싫어하며 순응적이고 유순해서 사무직이나 금융, 회계 분야에서 일하면 좋다.

이런 아이를 둔 엄마들이 흔히 착각하기 쉬운 것이 뭐든지 혼자서 척척 잘해 내니까 혹시 천재가 아닐까 하는 것이다. 그런데 이 유형의 아이들에게 부족한 것이 고집스럽게 파고드는 탐구형이다. 그래서 고학년으로 갈수록 성적이 떨어질 수도 있다.

만일 관습형인데 탐구형 기질도 있다면, 성적을 내기엔 최고의 조합이다. 탐구형이 관심 있는 분야에만 파고들어서 그렇지 않은 과목에서 성적을 내기 힘든데, 신중하고 보수적이며 질서정연한 관습형을 만났으니 모든 과목을 두루 잘할 수 있는 것이다.

반면에, 예술가형인데 관습형 기질도 있다면 예술가로서 대성하기는 힘들다. 예술가형의 자유분방하고 창의적인 성향을 관습형이 억압하기 때문이다. 관습형이 강하면 다른 성향을 억압하는 경향이 있는 반면, 삶은 매우 안정적이다.

관습형 아이들에겐 규칙적이고 꼼꼼한 가이드라인을 제시해 주면 좋다. 몇 시에 어떤 과목의 복습을 한다, 수학과 과학은 EBS 강의를 듣는다는 식으로 규칙을 주면 성실하게 잘 따라간다. 이런 까닭에 많은 엄마들이 자기들이 잘해서 아이가 규칙적으로 생활하고 성실하게 공부하는 줄로 착각한다. 하지만 엄마와 상관없이 관습형 아이는 스스로 성실하고 꼼꼼하게 자기 할 일을 수행하는 아이들이다.

여기서 '실제'란 'practical'하다는 의미다. 운동이나 손을 사용하는 일에 탁월한 유형이다. 지인 중에 뒤늦게 신학생이 된 분이 있는데, 이분은 모든 기계에 능통하다. 처음 보는 기계도 한참을 들여다보고 있으면 작동 원리가 이해된다고 한다. 전문적인 지식과 기술이 필요한 자동차도 혼자서 뚝딱 고친다. 들어 올리는 장비가 없어도 무슨 수를 써서라도 작동하게 만든다. 한마디로 '맥가이버'가 따로 없다.

이들은 남성적이고 솔직하며 검소하고 신체적으로 건강하다. 무엇이든 뚝딱 해결하니 캠핑 같은 데 가면 누구보다 인기짱인 타입이다.

이 유형은 종종 리더형의 남편들과 비교가 되기 쉽다. 리더형의 남편은 나서기 좋아하고 일 만들기 좋아하지만 집에 못 하나 제대로 박을 줄 모른다. 또 공감 능력이 부족해서 말하지 않으면 아내의 마음을 절대 알 수 없고 알더라도 따뜻하게 위로해 주지 못한다. 그래서 리더형의 남편은 사회에선 환영받을지 모르지만 집에선 구박덩이가 되기 쉽다. 반면에, 실제형의 남편은 집안일을 뚝딱 해결해 주므로 밖에서는 어떨지 모르지만 집에선 환영받는 남편이자 아빠다.

만일 실제형인데 탐구형의 기질이 있다면, 이공계 분야에서 뛰어난 역량을 발휘할 수 있다. 사회적으로 정평이 난 기술을 개발할 수 있다.

실제형 아이들에겐 너무 심오한 원리를 가르치면 곤란하다. 실생활과 어떻게 연결되는지 정도를 가르치는 가벼운 학습이 좋다. 심오한 학문적 탐구는 떨어져도 몸을 이용하거나 손을 이용하는 직업을 찾아 주면 그 분야에서 빛을 볼 수 있다.

지금까지 6가지 유형에 대해 살펴봤는데, 사실 이중 한 가지 유형만 가진 사람은 드물다. 대개 한두 개 내지는 두세 개의 유형이 조합되어 있다. 그러나 우리가 이 같은 유형을 알려는 가장 중요한 이유는 아이의 유형을 파악해서 그 아이에 맞는 학습 방법을 제시하고 그 아이와 소통하고 공감하는 방법을 터득하려는 데 있음을 잊지 말아야 할 것이다.

좋은 엄마란 최고의 엄마가 아니다. 그냥 좀 괜찮은 엄마면 된다. 아이의 방황과 좌절, 미성숙을 견딜 수 있는 엄마면 괜찮은 엄마다.

정서지능이 진짜 능력이다

지능을 높이는 가장 좋은 방법

아이큐는 타고날까, 개발될까? 아이큐는 타고난다. 자라면서 ±15로 개발되거나 쇠퇴하거나 할 수는 있지만 노력하면 아이큐 100이던 사람이 130이 되기는 힘들다. 부모가 정서적으로 안정감 있게 적절한 발달 촉진을 해주면 100이던 사람이 110이 될 수 있고, 부모가 정서적으로 불안정하게 길렀으면 100이던 사람이 90으로 떨어질 수 있는 것이다. 그러므로 '영재로 만들어 준다'는 홍보 문구는 말이 안 된다. 마찬가지로 조기교육으로 영재를 만들겠다는 생각도 틀린 것이다. 따라서 아이큐 100으로 태어났으면 아이큐 100의 기능을 할 수 있는 일을 하면서 살면 되고, 아이큐 130으로 태어났으면 그에 맞는 삶을 살면 된다. 그리고 무엇보다 중요한 사실은, 아이큐가 높고 낮은 것이 인생의 성공이나 행복과 비례한다고 볼 수 없다는 점이다. 오히려 삶의 질과 행복 등에 관련 있는 지수는 아이큐가 아니라 정서지능이다.

아이큐는 지적인 능력, 인지적인 능력을 말한다. 인지 능력이 높다고 해서 인생을 잘 운용하리라는 보장은 없다. 인지 능력, 즉 의식적인 것은 무의식에 비하면 빙산의 일각에 불과하다. 이 의식의 영역이 우리 삶에 미치는 영향은 무의식의 영역에 비하면 정말 미미하다. 그런데 이 무의식을 반영하는 것이 바로 정서지능이다. 따라서 우리 삶을 좌우하는 것은 아이큐가 아니라 이 정서지능이라고 할 수 있다.

지능이 100인 사람이 할 수 있는 직업이 있고 지능이 130인 사람이 할 수 있는 직업이 있다. 이 말은 노력하면 누구나 과학자가 되고 예술가가 되는 것이 아니라는 말이다. 과학자는 아이큐가 130은 되어야 자기 직업으로 삼을 수 있다. 나의 스승은 상담자는 아이큐 120은 되어야 한다고 말한다. 그러나 만일 아이큐가 130이라면 상담자가 아닌 다른 일을 하라고 말한다. 상담자보다 더 창의적인 일을 하라는 얘기다. 하지만 아이큐 100이면 웬만한 일은 다 할 수 있다.

이렇듯 지능은 타고나는 것이라 그 자체로 인정해야지 더 높게 개발할 수 있는 게 아니다. 반면에 아이큐와 달리 정서지능은 얼마든지 개발하고 발전시킬 수 있다. 그리고 이 정서지능이야말로 우리가 살아가는 데 필요한 내적인 자원이 된다. 정서지능이 높을수록 똑같은 아이큐라도 훨씬 다양하고 폭 넓은 능력을 발휘하게 된다.

마음이 진짜 실력

우리나라 학생들이 수학 올림피아드에 나가면 OECD 국가 중에서 2~3등을 차지한다. 인지 능력은 어느 나라 부럽지 않게 뛰어나다. 그런데 문제는 정서와 관련된 태도, 인성을 테스트하면 OECD 36개국 중에서 36등을 차지한다. 꼴등이다. 이것은 우리나라 아이들이 아이큐는 매우 높게 타고나나 자라는 과정에서 정서지능이 개발되지 못하고 있다는 말이 된다.

중국 연변에는 연변과학기술대학이 있다. 이 대학은 중국 내 대학 중에서 순위를 따진다면 그리 상위에 랭크되는 곳이 아니다. 그런데도 기업들이 매우 선호하는 대학으로 꼽힌다. 왜 그럴까?

연변 과기대의 교수진에는 외국에서 온 선교사들이 많다. 선교사들이 많다고 해서 이 대학이 특별히 기독교 교육을 하는 것은 아니다. 그런데도 이 대학의 학생들은 4년 동안 96퍼센트가 기독교인이 된다. 중국은 국가적으로 기독교를 장려하는 분위기가 절대 아니다.

그런데도 이 대학 학생들은 왜 자발적으로 기독교인이 될까? 거기에는 이 대학 교수들의 삶으로 전하는 선교가 절대적인 영향을 미친다. 존중하고 사랑하고 배려하는 그들의 감동적인 삶을 보면서 자연스럽게 기독교인이 되는 것이다.

연변 과기대는 특별히 기독교 교육을 내걸지는 않지만 인성 교육에 중점을 두고 있다. 학교의 모든 시스템이 서로 존중하고 배려하고 정직한 성품을 기르도록 고안되어 있는 것이다. 예를 들어, 식당에는 식권을 파는 종업원이 없다. 자율적으로 계산하고 밥을 먹도록 한 것이다. 그런데 놀랍게도 계산이 거의 100퍼센트 맞는다고 한다.

그래서 연변 과기대 학생들은 성실하고 책임감이 강하며 정직하고 배려심이 깊다고 소문이 났고, 이것은 기업이 선호하는 대학이라는 정평으로 증명되고 있다. 같은 이유에서 우리나라의 한동대학도 기업이 선호하는 대학으로 유명하다.

이것은 무엇을 의미하는가? 인생을 성공적으로 살려면 지능지수가 높은 것으론 안 되고 정서지능이 높아야 한다는 것이다. 정직하고 성실하고 배려하고 존중하는 사람이 성공적인 인생을 살 수 있다는 말이다.

그런데 이런 사람이 참 드물다. 상담실을 경영하면서 나도 느끼는 것인데 좋은 상담자를 확보하기가 쉽지 않다. 믿음도 좋고 사람을 귀하게 여길 줄 알며 상담도 잘하는 사람이 참 드물다. 좋은 대학에서 상담학을 전공하고 상담도 제법 잘하는 사람은 많아도 사람을 귀하게 여기는 사람은 드물다. 이것이 어디 상담실에만 국한된 얘기겠는가? 기업하는 사람도 사람이 없다고 말한다. 청년실업이 이렇게 심각한데도 막상 기업이 원하는 인재를 찾기가 어렵다고들 한다.

그래서 우리 아이들의 경쟁력이란, 스펙뿐 아니라 바로 인성이다. 사람을 소중히 여기고 따뜻한 관계를 만들어 갈 수 있는 인성이 곧 진짜 실력이다. 그리고 이 인성을 만드는 것이 바로 정서지능이다.

현재 하루에 우리나라 학생 중 160여 명이 학교를 떠난다고 한다. 그리고 10명 중 4~5명은 학교에 다니고 싶지 않다고 말한다. 만일 아이가 "학교 다닐 만해", "학교생활 재밌어" 한다면 공부를 잘하고 못하고를 떠나서 적어도 상당한 생존력을 가진 아이라고 보아야 한다.

학교도 가기 싫고 집도 싫고 다 싫어서 그냥 떠나고 싶다면, 이 아이는 어디를 가도 떠나고 싶을 것이다. 직장에 들어가도 지겹다고 떠날 날만 꼽을 것이다. 마음의 힘, 즉 정서지능이 개발되지 않은 까닭이다.

그렇다면 정서지능은 어떻게 개발되는가? 사실 성적을 올리는 일은 조금만 노력하면 성과가 나타날 수 있다. 하지만 정서지능은 성과가 언제 나타날지도 모르겠고 과연 나타나기나 할지도 모르겠을 만큼 행방이 묘연하다. 그럼에도 이 시대는 실력이 아니라 마음의 힘으로 성공할 수 있는 시대라고 나는 믿는다. 실력이 아무리 출중해도 마음을 관리할 수 없다면 그는 한순간에 무너지고 만다.

사실 우리 시대에는 마음을 관리하지 못해도, 인격이 미숙해도 결혼한 이상 책임을 지기 위해 결혼생활을 영위했다. 그래야 옳다고 배우기도 했고 딸린 식구들이 걱정되어 웬만해선 견디고 참았다. 하지만 우리 아이들의 시대는 그렇지 않다. 두 사람이 서로 상호작용을 통해 마음을 맞추고 합의할 수 있어야 결혼생활을 영위할 수 있다. 그저 참고 견디라 하면 그럴 수가 없다. 마음을 관리할 능력이 없기 때문이다.

나의 정서 관리 어떻게 할까?

첫째, 자신의 마음을 잘 알아차려야 한다. 자신의 감정을 잘 알아야 한다. 내가 이 책을 통해 계속해서 강조하고 있는 것이 바로 좋은 엄마가 되기 전에 자기 자신에게 좋은 친구가 되라는 것이다. 자녀를 어떻게 양육할까를 고민하기 전에 자기 자신을 어떻게 돌볼 것인지를 고민해야 한다. 왜 그런가? 나의 마음, 나의 감정, 나의 느낌을 잘 알아야 자녀의 마음을 알아차릴 수 있고 자녀를 잘 돌볼 수 있기 때문이다.

많은 60~70대 엄마들이 안 먹고 안 입고 안 쓰면서 자식들 대학 보내고 유학 보내고 사업자금까지 대주면서 "나는 아무래도 상관없어. 너만 괜찮으면 돼"라고 했다. 그런데 그 자녀들이 과연 엄마의 수고와 헌신을 닮아 갈까? 오히려 그렇게 애쓰며 삶의 무게에 짓눌린 엄마를 배운다. 자식을 사랑하고 희생하는 엄마가 아니라 죽을 힘을 다해 버티는 고통스런 엄마를 배운다. 그래서 그들은 공부도 할 만큼 했고 좋은 직장에 들어가 돈도 벌 만큼 벌고 있으니 굳이 고통스런 결혼은 하지 말아야겠다고 생각한다. 왜 그런가? 엄마처럼 될까 봐 두려운 것이다. 엄마처럼 사는 게 끔찍한 것이다.

그들이 엄마를 통해 느끼는 인생은 고통이다. 엄마에게 배운 인생이 고통인 것이다. 엄마가 되는 순간 나는 사라지고 오직 가족만 존재하는 끔찍한 인생이 시작되며 전혀 웃을 수 없는 얼굴이 될 줄로 생각한다. 그래서 결혼을 하든 독신으로 살든 모두 입을 모아 하는 말이 "나는 엄마처럼 살지 않을 거야"이다.

우리 세대가 엄마처럼 살고 싶지 않았어도 결혼한 이유는 결혼하지 않아도 된다는 걸 선택할 수 있다는 것을 몰랐기 때문이다. 결혼하지 않으면 이상한 사람 취급받으니까 선택 자체를 포기한 경향이 있다. 그러나 우리 아이들의 세대는 결혼하지 않아도 된다는 걸 안다. 결혼하지 않을 권리가 있다는 걸 잘 안다. 오늘날 젊은이들이 결혼을 기피하는 것은, 경제적인 이유도 있겠지만 결혼에 대한 희망이 없기 때문이다. 우리 세대로부터 결혼하면 행복하다는 희망을 보지 못했기 때문이다. 그래서 나는 우리 세대가 나 자신을 위해 돈도 쓰고 시간도 갖고 미래도 설계했으면 좋겠다. 그러면 적어도 아이들한테 "너 때문에 아무것도 못했다"는 말은 하지 않을 것 아닌가.

둘째, 자기 관리를 해야 한다. 불과 몇 년 전만 해도 보험상품에 80세 만기가 많았다. 그러나 요즘은 100세도 아니고 110세 만기 상품을 판다. 보험회사가 이런 상품을 내놓는 것은 그만큼 기대수명이 길어졌다는 것이고 110세까지 살 수 있다는 것이다. 다시 말해 우리 앞의 생이 최소한 50~60년은 남았다는 얘기다. 이렇게 긴 세월을 "너 때문에 아무것도 못했다"고 푸념하며 살 것인가?

지금부터라도 나 자신의 인생을 살아야 한다. 지금부터라도 취미를 배우든지 기술을 배우든지 하기 바란다. 무슨 일이든 10년만 하면 전문가가 된다. 자신을 관리하고 개발하는 것이 우리 자녀들에게 줄 수 있는 가장 좋은 선물이 될 것이다.

"10년이면 강산도 변한다"는 말은 이제 옛말이 되었다. 군대 갔다 오면 세상이 변해 있고, 대학 때 배운 것을 사회에 나가서 써 먹을 수 없을 만큼 세상은 급속도로 변하고 있다. 이렇게 하루가 다르게 변하는 세상에서 앞으로 50~60년을 살아가려면 무조건 무엇이든 배워야 한다. 왜냐하면 세상의 변화 속도를 우리 마음이 따라가지 못하기 때문이다. 일부러라도 계속 변화를 추구하며 마음을 관리하지 않으면 세상은 우주시대를 살아가는데 마음은 산업시대를 살아가게 될 것이다.

셋째, 자기 관리뿐만 아니라 관계를 관리해야 한다. 특히 가장 중요한 것이 가족과의 관계를 관리하는 것이다. 화나면 화내고 웃기면 웃고 생각나는 대로 잔소리 늘어놓으면 가족 관리를 할 수 없다. 정서적인 통장이 언제나 부자가 되도록 잘 관리해야 한다.

예를 들어, 적어도 하루에 한 가지라도 자녀와 소통하는 대화를 나누겠다고 결심하고 실천하는 것이다. 잔소리는 대화가 아니다. 내게 유익한 이야기를 늘어놓는 것도 대화가 아니다. 그냥 같이 웃을 수 있는 이야기 한 토막을 해주는 게 바로 대화다. 오늘 하루 중 재미있는 사건을 얘기하는 게 대화다. 이렇게 아주 작은 것부터 시도하다 보면 정서 통장의 잔고가 플러스로 돌아서게 될 것이다.

그런데 되는 대로 하지 말고 구체적으로 계획을 세워서 하기 바란다. 일주일에 4일 정도는 자녀와 소통하는 대화를 나눠야겠다는 식으로 구체적으로 계획을 세워 실천에 옮기는 것이다.

건강 관리도 너무 이상적인 계획을 세울 게 아니라 오늘 당장 할 수 있는 것부터 계획하자. 운동을 싫어하고 하지도 않는 사람이 하루에 몇 시간씩 운동하겠다고 하면 부담스러워서 시작도 할 수 없다. 아파트를 두 바퀴 돌겠다 식으로 아주 쉽고 간단한 것부터 계획하는 게 좋다.

그런 다음 계획한 것을 실천에 옮겼을 때 마음껏 박수쳐 주기 바란다. 실천에 옮기는 데 실패했더라도 실망하지 말고 다시 계획을 세우면 된다. 작심삼일이라도 계속해서 계획을 짜고 실천에 옮기는 일을 포기하지 말라. 그 과정에서 우리는 통제력과 자기 효능감을 익힐 수 있다.

신앙생활도 마찬가지다. 지금 당장 실천할 수 있는 것부터 시작하는 것이다. 기도하는 습관이 안 되어 있다면 설거지나 저녁밥을 지으면서 하나님과 대화하는 시간을 갖는 것이다. 푸념을 늘어놓아도 좋고 고민되는 일을 상의해도 좋다. 이것이 익숙해지면 하루 10분이라도 말씀 보고 기도하는 시간을 갖는 것으로 좀 더 어려운 과제를 해보자. 이때도 실패했다고 실망하지 말고 다시 계획하고 실천하기를 반복하기 바란다. 그 과정이 바로 영적 훈련이 될 것이기 때문이다.

이렇게 작은 것부터 계획하고 실천에 옮기는 것이 중요한 이유는 내가 뭔가 해낼 수 있겠다는 가능성과 희망을 가질 수 있기 때문이다. 자녀에 대해서도 실천할 수 있는 것부터 요구해서 성취했을 때 충분히 격려하고 칭찬하는 것이 중요하다. 5개를 요구해서 3개를 실천하는 것보다 2개를 요구해서 2개 모두를 성취하는 경험을 하는 것이 중요하다. 5개를 요구해서 3개만 해낸 아이는 2개보다 더 많은

3개를 성취하고도 실패하는 경험을 하게 된다. 자기 효능감이 훨씬 떨어지는 것이다.

적게 성취하더라도 자기 효능감을 경험하게 하는 것이 자녀와의 관계를 관리하는 가장 좋은 방법임을 잊지 말아야 한다.

하나님 앞에서 바라보라

정서적으로 고갈되면 어떤 일이 일어날까? 우선 짜증이 난다. 이 짜증이 쌓이면 분노와 적개심이 생긴다. 그러면 언제 터질지 모르는 화약고를 몸에 지니고 있는 셈이다. 이것이 만성화되면 외부로 폭발하든가 폭발하지 못하면 우울증이 된다. 특히 착한 사람이 분노를 폭발하지 못해서 우울증을 앓기 쉽다. 우울증이 심해지면 자기 자신을 정죄하기 시작한다. '너는 왜 예수를 믿는다면서 그 정도밖에 안 되는 거니?' 하며 정죄하는 것이다. 이 정죄의식이 나중엔 피해의식이 된다. '나를 무시하나?', '지금 날 비난하는 거지?' 하면서 타인을 의심하고 오해하게 된다.

그러므로 짜증이 났을 때 빨리 내 마음을 알아차려야 한다. '나는 왜 이렇게 짜증을 잘 내지? 난 정말 못됐어' 하고 자신을 탓하지 말고 '내가 지금 정서적으로 탈진한 상태구나' 하고 나의 상태를 빨리 알아차리고 인정하는 것이다.

만일 짜증난 상태에서 나를 알아차리지 못해 분노를 폭발했다면, 이때도 '내가 잘못했어. 왜 나는 분노 조절이 안 될까' 하지 말고 '내가 화가 났구나. 왜 화가 났을까?' 하고 내 마음을 인정해야 한다. 우울할 때도 피해의식을 갖게 되었을 때도 나 자신을 정죄하고 탓하지 말고 그런 내 상태를 있는 그대로 인정해야 한다. 인정한다는 것은 다른 말로 하면 내 마음의 상태를 바라보는 것이다.

화가 나는 과정을 보면 그 강도가 1에서부터 서서히 10까지 완만하게 올라가는 것이 아니다. 오히려 1에서 6까지 거의 변화가 없다가 갑자기 치솟으며 화가 난다. 그런 까닭에 화가 난 1, 2의 순간에 빨리 눈치를 채고 그 상황을 빠져나와야 한다. 그런데 문제는 처음에는 화가 났는지 안 났는지를 본인도 알 수 없다는 사실이다. 거의 변화가 없다가 갑자기 정점을 찍으니까 그때는 자신도 통제하기 힘든 지경이 된다. 그래서 쉽지 않지만 더더욱 화가 난 순간에 빨리 알아차려서 재빨리 감정을 조절해야 한다.

화가 난 순간을 알아차리는 자기만의 신호를 파악하면 좋다. 예를 들어, 어떤 사람은 화가 나면 손이 떨린다거나, 어떤 사람은 눈을 깜박거리는 버릇이 있다거나 하는 자기만의 신호를 파악하는 것이다.

화가 나거나 우울해지거나 불안하거나 할 때 나타나는 증상을 평소에 잘 관찰해서 파악해 두면 갑자기 치솟아 정점을 찍기 전에 자기감정을 조절할 여지가 생긴다.

분노가 조절되지 않아 낭패를 보는 사람이 의외로 많다. 이런 사람들이 종종 상담실을 찾는데, 이들의 목표는 분노를 조절하는 것이다. 그러면 나는 먼저 화가 나면 무조건 반사처럼 숨을 쉴 것을 주문한다. 심호흡을 해주는 것만으로도 치밀어 오르던 화가 어느 정도 진정된다. 평소 심호흡하는 연습을 계속 하면 좋다.

그런 다음에는 '내가 화가 났구나'라고 스스로 말해 준다. 우울한 기분이 들면 '내가 지금 우울하구나'라고 말해 준다. 이렇게 말하는 것이 무슨 효과가 있을까 하겠지만 그렇지 않다. '내가 화가 났구나'라고 스스로 말해 주는 순간 화가 순식간에 사그라진다. '내가 지금 우울하구나' 하는 순간 우울한 기분이 조금 사라진다. '내가 지금 엄청 걱정하고 있구나', '지금 많이 불안하구나'라고 말하는 것만으로도 감정을 조절할 수 있는 여지가 생긴다. 알아차리고 바라봐 주는 것, 이것이 바로 마음의 힘이 생기는 원리다.

화가 갑자기 급격하게 치솟는 이유는 사람마다 다른데, 나를 화나게 부추기는 내 안의 언어가 있기 때문이다. '난 무시당하면 안 돼' 하는 신념이 있다면, 화를 참고 가만있으면 무시당하고 바보 취급당한다고 여겨서 화가 치솟게 된다. 그렇기에 내 안의 언어를 알면 화를 조절하는 힘이 생긴다. 내 안의 언어와 반대되는 셀프 토크를 해주면 되는 것이다. 예를 들어, '내가 무시당한다고? 아냐. 여기서

날 무시할 사람은 아무도 없어'라고 스스로에게 말해 주는 것이다.

이렇게 셀프 토크를 했는데도 마음이 가라앉지 않으면 어떻게 해야 할까? 그 자리를 피한다. 무엇이든 그 자리에서 끝을 보겠다는 마음을 버리고 그 자리를 피하면 된다. 아이가 화나게 해서 셀프 토크를 했는데도 진정이 안 된다면 잠시 방으로 들어가든지 해서 아이와 더 말하지 않는 것이다.

그런데 이렇게 셀프 토크를 하고 자리를 피한다고 해도 여전히 분노는 남아 있다. 피했을 뿐이지 해결되지 않았기 때문이다. 이제 나 자신에게 '네가 하고 싶은 말이 뭐야?'라고 스스로 묻고 털어놓게 하자. '아이 메시지'(I message)로 충분히 말하게 하는 것이다.

이때 하나님 앞에서 나 자신을 바라보기 바란다. 화가 나고 분노가 폭발되고 우울하고 피해의식이 생겼을 때 나 자신을 지그시 바라보기는 정말 어렵다. 내 힘으로 그런 상태를 벗어나는 것도 정말 어렵다. 오직 하나님의 개입하심이 있어야 나를 정직하게 대면할 수 있고 벗어날 수 있다.

어떻게 바라보는가? 내가 지금 얼마나 화가 났는지, 저 사람을 지금 한 대 때려 주고 싶다고 하나님께 솔직하게 말하는 것이다. 그러면 내 마음의 상태가 한 꺼풀 벗겨져 보이기 시작한다. 저 사람이 성공하지 않았으면 좋겠고, 실수했으면 좋겠는 나의 치사하고 치졸한 마음이 보이는 것이다. 이렇게 너무나 부족하고 보잘것없고 쓰레기 같은 우리 마음이 하나님 앞에서 보여야 치료가 일어날 수 있다.

예수님이 십자가에 돌아가신 것은 우리의 죄악된 마음을 치유하기 위해서였다. 예수님은 우리에게 무거운 짐을 가져오라 했지 깨끗하고 거룩한 상태로 오라고 하시지 않았다. 더럽고 냄새나고 무거운 짐을 가져가면 예수님이 십자가의 보혈로 깨끗게 하실 것이다. 이 일은 우리 인간으로서는 절대 할 수 없는 일이다. 하나님 앞에서 우리 자신을 바라보아야 더러운 것이 씻겨 내려갈 수 있다.

자녀의 정서지능 어떻게 높일까?

엄마들은 사춘기 자녀가 "엄마 이거 왜 안 빨아 놨어!" 하고 화를 낸다든지 학교에서 돌아오자마자 자기 방문을 쾅 닫고 들어간다든지 하면 속에서 부글부글 끓어오른다. 덩달아 화를 내며 싸우든지 다른 꼬투리를 잡아 혼을 내든지 해서 보복을 하고 싶어 한다.

그런데 그렇게 해서는 아이의 정서지능을 높일 수 없을뿐더러 관계를 관리할 수도 없다. 이럴 때 어떻게 하면 좋을까?

첫째, 아이의 감정에 공감하자. '저 아이가 화가 났구나. 왜 그럴까' 하고 그 아이 마음이 되어 보는 것이다. 그런 다음 좀 진정된 듯싶으면 "왜 그러니? 무슨 일 있었니?" 하고 아이의 마음을 읽어 주

자. 그런데 아이의 마음을 갑자기 읽어 주기는 쉽지 않다. 이때는 아이의 말을 반복해서 말해 주면 된다.

예를 들어, "이번 시험에서 성적이 떨어졌더니 선생님이 나한테 그 성적으론 대학 가기 어렵다고 하잖아" 했다고 하자. 이때 공감하는 말은 대략 이렇다.

"선생님이 앞으로 잘해 보자고 말해도 시원찮을 텐데 그렇게 말했단 말야? 진짜 속상했겠다. 너는 하느라고 한 건데 선생님이 그렇게 말해서 실망이 컸겠다. 걱정도 되고."

그런데 이렇게 공감하는 말이 나오지 않는다면 아이의 말을 따라서 다시 말하는 것이다.

"선생님이 네가 성적이 떨어졌다고 불러서 잘하라기는커녕 이렇게 공부해선 대학 못 간다고 했다는 거지?"

둘째, 한마디만 덧붙이면 된다. 만일 당신이 공감 능력이 부족하다고 생각된다면 이렇게 똑같이 따라 한 다음 "어떡하냐?"나 "어떡하냐? 너 진짜 화났겠다"라고 한마디만 덧붙이는 것이다.

아이의 화를 풀어 주려고 애쓰지도 말고, 위로해 주려 미사여구를 끌어다 쓸 생각도 말고, 공감할 자신이 없으면 이렇게만 말해 주면 된다. 이 말 한마디로도 아이들은 충분히 엄마로부터 공감받았다는 느낌을 받는다. 그러면 아이는 분노로 들끓던 감정이 순식간에 가라앉아서 미칠 것처럼 화가 나지 않게 된다. 분노가 조절된 것이다.

분노가 조절되고 엄마로부터 공감받는다는 느낌이 들면 아이는 다음 얘기를 막 쏟아 놓기 시작한다.

이것이 바로 셋째, 자기감정을 쏟아 놓게 하는 것이다. 마음에 고인 감정은 밖으로 분출해야 썩지 않는다. 분노가 아니라 이야기를 쏟아 놓는 것으로도 고인 감정을 분출해 낼 수 있다. "너희 선생님이 얼마나 걱정됐으면 그랬겠니?" 하고 말하면 그것으로 끝난다. 아이는 더 이상 말을 하지 않고 입을 닫아 버릴 것이다. 그러면 화가 난 감정도 분출이 안 되고 엄마와 공감도 되지 못한다.

아이는 이렇게 자기 감정을 다 쏟아 놓고 나면, 지금까지와 다른 마음이 올라오기 시작한다. 흉을 본 것에 대한 미안함과 함께 이성적인 사고가 작동하게 된다. 그러므로 너무 화가 나거나 힘들 때는 어떻게든 올라오는 감정을 누르려 하지 말고 솔직히 쏟아 놓는 게 좋다. 충분히 쏟아 내고 나면 상대를 이해하는 마음이 올라오기 시작한다.

이렇게 충분히 쏟아 내게 한 다음엔 넷째, 문제 해결을 위한 대화를 나눈다.

"그런 마음으론 공부도 안 되겠다. 오늘 하루 공부하지 않는다고 큰일 나는 거 아니니까 좀 쉬어" 한다. 아니면 "네가 공부 때문에 고민이 많구나. 엄마가 어떻게 도와주면 좋을까?" 한다. 이렇게까지 진전되면 구체적으로 해결할 방법을 찾을 수 있고, 아이도 훨씬 편안해진다.

다섯째, 그런데 이때 한계를 그어 주는 게 필요하다. 가령, 너무 화난다고 물건을 집어던진다거나 뒷담화를 한다거나 선생님 앞에서 문을 쾅 닫고 나온다든가 해선 안 된다고 말해 주는 것이다. 왜냐하면 그렇게 할 때 아이 자신이 더 힘들어지기 때문이다. 물론 이런 한계를 지어 주는 건 아이가 충분히 말하게 한 다음에 제시해야 한다. 해서는 안 되는 것과 선택해도 되는 경계를 정해 주는 것이다.

진짜를 찾아가는 길

심리적 성숙과 타인의 이해

성숙한 사람은 다른 사람과 공감하는 능력이 뛰어나다. 그리고 다른 사람의 감정과 나의 감정을 분리해서 조절하는 능력이 있다. 무슨 말이냐면, 아이들은 엄마의 기분에 따라 그날 분위기가 좌우된다. 엄마가 짜증이 났거나 화가 났거나 우울하거나 하면 아이들도 기분이 가라앉는다. 엄마의 감정 상태에 따라 아이들의 감정과 기분이 휘둘리는 것이다. 특히 가족 간에 이렇게 타인의 감정과 나의 감정이 분리되기 힘든데, 성숙한 사람은 이것을 분리해서 조절할 수 있다. 남편과 나는 부부일심동체이니 남편의 감정을 똑같이 느껴야 한다는 건 진짜 사랑이 아니다. 오히려 진짜 사랑하는 데 걸림돌이 될 수 있다. 남편은 남편이고 나는 나다라는 사실을 인정하고 서로 얽히지 않도록 적절히 분화할 수 있어야 한다.

하나님은 우리를 말씀으로 만드셨고 하나님을 닮아 말할 수 있는 존재로 만드셨다. 갓난아기는 언어가 아니라 울거나 몸으로 자신의 감정이나 욕구를 표현한다. 행동화한다. 그러다 말하기 시작하면서 언어로 자기의 감정이나 원하는 것을 표현한다. 언어화하는 것이다. 욕하거나 소리 지르는 것은 언어화가 아니다. 오히려 행동화에 속한다.

화가 나거나 우울할 때 말로 잘 설명할 수 있다면 대화를 잘하는 것이다. 성숙한 사람은 대화 능력이 있다. 대화를 잘한다는 것에는 말을 잘하는 것과 함께 잘 듣는 것도 포함된다. 실은 잘 듣기는 말하기보다 더 중요하다. 상대의 마음을 받아들여 그 말을 잘 따라가는 것이다. 대화를 통해 너에게로 가기도 잘하고 나에게로 이끌기도 잘한다.

한편, 성숙한 사람은 생산성이 있다. 생산성이란, 삶을 영위하기 위한 생산성뿐만 아니라 심리적인 생산성도 포함된다. 공부하는 학생들은 돈을 벌 수 없지만 가족의 일원으로서, 사회의 일원으로서 생산성을 가질 수 있다. 어떻게 생산성을 갖는가? 집안일을 함께 책임지고 전화 한 통으로 불우한 이웃을 돕는 것이다. 거창하고 무거운 책임은 질 수 없지만 아이들 수준에서 공동체의 삶에 참여하고 책임지도록 해야 한다. 많은 엄마들이 자녀가 공부한다는 이유로 모든 집안일에서 배제시키는데, 이것은 잘못된 양육 태도다. 엄마가 자녀를 돌보는 것이 당연한 것처럼 자녀도 자기가 할 수 있는 수준에서 엄마를 보살피는 것이 당연하다. 가족의 재정이나 아빠나 엄마, 동생의 상황을 공유하고 함께 고민하도록 하는 것도 가족의 한 사람으로서 당연히 해야 할 일이다. 가족과 사회라는 공동체에서 자기 몫을 감당할 때 독립적인 인간으로서 성숙해 갈 수 있다.

마지막으로 성숙한 사람은 건강한 자기상을 가지고 있다.

건강한 자기상은 나는 사랑받을 만한 사람이다, 나는 괜찮은 사람이다, 어렵지만 잘할 수 있을 거다,라는 신념이다. 이런 신념을 가지면 관계에서 어려움이 있더라도 좌절하지 않고 다음 단계로 넘어갈 수 있다. 해결해야 할 수많은 문제들에 압도되지 않고 비교적 쉽게 해결해 나간다. 스스로를 믿기 때문이다. 마지막 최후의 순간에 마주하게 되는 것이 바로 나 자신이다. 완벽하게 자신을 믿을 수는 없겠지만 적어도 버틸 수 있을 만큼은 자신을 신뢰해야 한다. 낯선 모험에서 버틸 수 있고, 실패를 허용할 만큼 버틸 수 있어야 한다.

인간관계가 신앙생활의 바로미터

우리가 성숙한 인간이 되고 아이가 정서적으로 풍부한 아이가 되는 것이 신앙생활과 어떤 관계가 있을까?

정서발달이 순조로운 사람들은 하나님과의 관계도 순조로울 가능성이 높다. 엄마 아빠와 대화가 통하고 힘들 때 부모에게 요청할 수 있고 자기 몫을 감당할 수 있는 사람은 첫째, 기도할 수 있다. 우리는 대개 기도할 때 '~주세요'가 많다. 어떤 사람은 하나님께 '주세요' 하지 말라는데 나는 우리가 죽을 때까지 하나님께 도움을 요청할 수밖에 없는 존재라고 생각한다.

부모의 보살핌 없이 자란 사람은 이 '~주세요' 기도조차 하지 못한다. 그들은 "나는 교회에 다닌 지 10년이 넘었는데도 왜 기도하지 못할까요? 왜 하나님께 도와달라는 말이 안 나올까요?" 한다. 왜 그런가? 이들의 마음에는 '주세요'가 없기 때문이다. 엄마에게 떼를 써서 무언가를 얻어 낸 경험도 없고, 부모에게 물질적으로나 심리적으로 무언가를 받아 본 경험이 없기 때문에 하나님께도 이 말이 나오지 않는 것이다.

자식은 참 뻔뻔한 존재다. 밥해 달라, 옷 사달라, 공부시켜 달라, 위로해 달라, 입만 열면 해달라는 소리밖에 할 줄 모른다. 우리 아들이 나한테 문자하는 대부분의 이유는 용돈이 떨어졌기 때문이다.

그래도 그렇게라도 통화하는 걸 우리는 기쁨으로 여긴다. 늘 '주세요' 하는 우리를 대하는 하나님의 마음도 그럴 것이라고 생각한다.

그런데 세상의 엄마와 이런 관계를 맺지 못한 사람은 하나님과도 원만한 관계를 맺기 힘들다. 안타까운 일이다. 인간관계에서 경험하지 못한 것을 하나님과의 관계에서 경험하기는 힘들다. 인간관계와 하나님과의 관계는 밀접하게 연관되어 있으며, 정서발달이 원활하게 이뤄진 사람일수록 하나님과 친밀한 관계를 이뤄 갈 수 있다.

나는 이 책에서 자녀교육에 대해 이런저런 얘기를 했지만 영적인 가르침에 대해선 언급한 게 별로 없다. 왜냐하면 인간관계가 곧 하나님과의 관계라고 보기 때문이다.

앞에서도 계속 강조해 왔지만 자녀를 가르치려 하기보다 먼저 자기 자신을 알아야 한다. 자기 마음을 관리하는 것이 가장 먼저 할 일이다. 그런 다음 자녀와의 관계, 부부관계, 인간관계를 관리해야 한다. 그런데 마음을 관리하고 관계를 관리하는 일은 우리 힘으로 하기 힘들다. 이때 하나님께 의논하는 것이다. 생각대로 안 되는 부분을 하나님께 솔직히 털어놓고 의논하는 것이 바로 기도다. 의논하기 힘들면 졸라도 된다. 조를 수도 없다면 조를 수 있는 마음을 달라고 기도하면 된다.

내 안의 언어를 만들자

화가 나는 순간 화를 누그러뜨릴 내 안의 언어를 만들어 보자. 예를 들어, '지금 당장 화내지 않아도 될 거야'. '참는 게 이기는 거지', '내가 화내지 않아도 하나님이 혼내 주실 거야' 같은 말을 정하는 것이다. 어떤 말을 해야 화가 났을 때 누그러뜨릴 수 있는지 자기만의 언어를 만들어 연습해 보자.

그런 다음, 나 자신을 위로하고 격려해 줄 말도 만들어 보자. 가령, 딸이 장성해서 결혼하여 아이를 낳았다고 가정해 보자. 딸은 자기 아이에게 좋은 엄마가 되기 위해 정말 애쓰고 노력한다. 그 방법이 옳든 그르든 자기 나름대로 좋은 엄마가 되기 위해 고민하고 애쓰는 것이다. 이때 당신은 당신의 딸에게 무슨 말을 해주고 싶은가?

"그만 하면 잘하고 있어. 수고했다."

엄마라면 딸에게 비난하기보다 이렇게 따뜻하게 격려해 주고 싶을 것이다. 마찬가지로 하나님은 우리의 아버지로서 수고하는 우리에게 따뜻한 말을 해주고 싶으실 것이다. 하나님의 마음이 되어 자신에게 격려하는 따뜻한 말을 만들어 보자. 그리고 틈나는 대로 자기에게 이 말을 해주자.

이 세상 엄마들은 하나님의 마음을 누구보다 잘 알 수 있는 사람이다. 하나님께서 그분의 마음으로 양육하기를 바라셔서 그 아이들을 우리 엄마에게 맡기셨기 때문이다. 그럼에도 우리는 하나님 자체는 아니기 때문에 하나님의 언어를 갖지는 못한다. 우리에게 있는 여러 모양의 결핍도 우리 어머니들이 하나님의 언어를 온전히 갖지 못해서다. 그러니 이제부터라도 내 자신이 하나님의 언어를 가지고 스스로에게 자꾸 해주자. 그러면 우리 마음이 회복되어 하나님처럼 좋은 엄마가 될 수 있다.

"비록 부족하긴 하지만 지금까지 얼마나 수고하고 애썼는지 내가 잘 안다. 너무 수고했다. 앞으로 잘할 수 있도록 내가 도와줄게. 걱정 말고 우리 함께 잘해 보자."

내 안의 숨겨진 보물

우리는 이 땅에 왜 태어났을까? 무엇을 위해 태어난 것일까? 하나님의 영광을 위해서다. 그런데 과연 하나님의 영광이란 무엇일까? 하나님의 영광을 위해 사는 것이란 무엇일까? 우리는 이것을 알지 못해 지금도 성숙하길 바라고 하나님의 뜻을 찾기를 원한다. 그런데 분명히 말할 수 있는 게 있다면, 하나님은 우리 안에 소원을 두셨고 지금도 이를 위해 행하신다는 사실이다.

그렇다면 그 소원은 무엇인가? 어떻게 알 수 있는가? 하나님은 우리 안에 소원을 두셨다. 다시 말해 우리 안에서 소원을 찾을 수 있는 것이다. 우리 아이가 어떤 사람이 될지, 어떤 사명을 이룰지는 알지 못한다. 다만, 아이의 마음속에 하나님이 이루실 소원을 두셨으니 그걸 발견하는 것은 아이의 몫이고 부모의 몫이다.

어린 시절, 나의 장래희망 직업란에는 상담사란 직업은 없었다. 내가 상담사가 되리라곤 생각도 못했다. 그러나 자라면서, 경험하면서, 익히면서 한순간, 한순간 발견해 나갔다.

"너는 신학을 해라", "의사가 되어라"라고 하나님이 속 시원히 말씀하시면 좋겠지만, 하나님은 우리가 그분이 심어 놓으신 소원을 발견하기를 바라신다. 그러므로 우리는 우리의 마음을 잘 살펴 그 소원을 발견하고 이뤄 드릴 의무가 있다. 그렇지 않으면 직무를 유기하는 것이며 우리 인생을 방치하는 것이다. 아이의 마음에 심어 놓은 소원을 발견해서 이뤄 드리는 것도 부모로서 할 일이지만, 그보다 먼저 나 자신의 사명을 발견하고 이뤄 드릴 의무가 있다.

카를 융(Carl Jung)은 30대가 생존을 위한 삶이라면 40대는 사명을 위한 삶이라고 했다. 40대가 되면 자기스러움을 꽃피워 내야 한다는 엄청난 부담감이 내면에서 올라오기 시작한다. 그래서 40대에 사춘기가 다시 온다. 그런데 그 부담감은 재밌고 흥미로우며 즐거운 것이 아니라 회의와 우울과 괴로움과 불면이 되어 인생을 압도한다. '너는 네가 되어야 해', '너는 대체 왜 사니?' 같은 질문들이 올라와 근간을 흔들기 시작하는 것이다.

이것은 하나님 편에서 보면 우리 안의 사명을 발견하게 하기 위해 하나님이 일으키신 지진이라고 할 수 있다. 지금까지 아이들 키우고 가정을 잘 돌보며 살았는데 갑자기 이렇게 살아야 하나 하는 회의가 밀려오고, 지금까지 직장생활 성실하게 잘했는데 갑자기 다 귀찮아서 때려치우고 싶어진다. 이렇게 인생의 지진이 일어났을 때, 아이러니하게도 회의와 우울과 괴로움의 고통이 오히려 에너지가 되어 뭔가를 찾아 나서게 만든다. 따라서 고통스러워도 버티고 견디면 사명을 찾을 수 있다. 진짜 내 길을 찾을 수 있다.

그런데 문제는 많은 사람들이 이 고통을 견디지 못하고 진통제를 먹어 버린다는 것이다. 진통제란, 골프를 죽도록 친다거나 외도를 한다거나 하는 것이다. 허전하고 고통스런 마음에 마치 마취제로 주사를 놓듯이 이런 것들에 심취하는 것이다. 그러면 진짜를 찾기 힘들어진다.

이 진짜를 찾는 길은 캄캄한 동굴 속에서 빛을 향해 나아가는 것과 같다. 고통스럽고 힘에 겹고 어려운 길이다. 그러나 이 과정을 거쳐야 진짜를 손에 넣게 된다. 진짜를 포기하고 쾌락에 몸을 맡기는 순간 인생은 실패로 나아가게 된다.

진짜와 가짜를 어떻게 구별할 수 있을까? 진짜를 발견하면 여전히 힘들고 확실하지 않지만 마음이 기쁨으로 시원해지고 편안해진다. 반면에 가짜는 굉장히 재밌고 즐거운데 마음이 불편하다. 우리는 쉽고 빠른 길을 원하지만 진짜는 절대 쉽지도 빠르게 손에 넣을 수도 없다. 쉽고 빠르기를 바라는 마음을 버려야 하는 것이다.

성숙한 사람은 모호하고 혼란스러우며 불확실한 상황을 견딜 수 있는 사람이다.

우리 집 막내는 재수하는 동안은 하나님과 아주 가까이 지냈다. 그런데 기대한 점수를 얻지 못하자 그다음부터는 그저 노는 데만 집중하기 시작했다. 대학에서 북치는 동아리에 들어가더니 여기에 완전히 빠져서 인간문화재 스승을 찾아가서까지 배우고 있다. 멀리 지방까지 가서 배우느라 집에도 잘 들어오지 않는다.

내 생각에는 영어학원 다니면서 스펙을 쌓았으면 좋겠지만, 대체 막내가 왜 그렇게 북치는 일에 흠뻑 빠졌는지 모르지만, 나는 그저 지켜보며 견디는 수밖에 없다. 불확실하고 혼란스럽고 소망이 없어 보이지만, 하나님이 함께하실 줄로 믿으니 소망을 가지고 버티는 수밖에 없다. 실패하고 헤매더라도 견디고 버텨야 한다.

내가 세상에 태어나서 제일 잘한 일이 있다면 하나님을 믿게 된 것이다. 남편이 마음에 안 들 때면 하나님께 다 쏟아 놓고, 아이와 갈등이 있을 때도 하나님께 다 쏟아 놓을 수 있어서 너무 좋다. 화나면 하나님께 화내고 짜증나면 하나님께 짜증내고 우울하면 하나님께 한탄할 수 있어 너무 좋다. 하나님은 우리가 무엇을 쏟아 놓든 소화하지 못하실 게 없는 분이다. 내가 하나님께 쏟아 놓은 것을 사람에게 했으면 나는 벌써 가족한테도 버림받고 사회에서도 왕따가 되었을 것이다.

모든 엄마들은 좋은 엄마가 되고 싶어 하지만 때로 나쁜 엄마가 되어도 괜찮다. 친구 같은 엄마가 되고 싶다고 하는데 그러면 진짜 엄마가 없을 수 있다. 때로 부족한 엄마가 되어도 괜찮다. 하나님을 우리 삶에 초청하면, 하나님이 우리 삶에 개입하시면, 좋은 엄마도 될 수 있다. 우리 안에 심으신 소원도 이뤄 드릴 수 있다.

공감은 사람을 변화시킨다

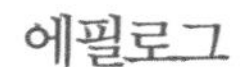

에필로그

여기까지 함께 온 여러분은 어떤가? 아마도 좀 더 좋은 부모가 되기 위해 많은 고민을 해왔기에 필자와 만나게 되었을 것이다. 필자 역시 아직도 고민하는 부모 중의 한 사람으로 이 글을 맺고자 한다. 우리는 죽을 때까지 아이들을 걱정하고 더 좋은 것을 주지 못해 고민하게 될 것이다. 어떨 때는 방황하는 아이 곁에서 맘을 졸이고, 우리 아이가 바보 같은 선택을 하는 순간에도 옆에 있을 것이다. 아이가 성공하는 순간에는 하늘을 날 것처럼 기쁘기도 할 것이다. 때로는 부모로서 자랑스러울 것이고, 때로는 내가 그때 더 잘 해줬더라면 하면서 후회하기도 할 것이다. 우리는 그렇게 살 것이다. 죽을 때까지…. 그러므로 혹시라도 너무 빨리 뭔가를 정리하려 하지 말자. 일생 근심도 하고 걱정도 할 것이니, 이 걱정 끝나면 내 삶을 살아야지라든지, 이게 끝나면 뭘 해야지 하지 말고 그냥 안고 갔으면 좋겠다. 어떤 의사 선생님이 암에 걸린 환자에게 "암과 친해져라, 같이 살아라" 이야기했다고 한다. 우리도 자식이라는 선물을 받았으니 그냥 함께 가는 마음으로 갔으면 좋겠다. 부족한 내 자신도 함께 데리고 가고 아이들의 방황도 함께 데리고 견디면서.

오늘도 눈이 꽃잎처럼 날리고 있다. 내일이면 길이 얼어서 출근을 걱정할 테지만 내리는 눈은 마술처럼 아름답다.